AV

Gernot Böhme (Hg.)

Alternative Wirtschaftsformen

AISTHESIS VERLAG

Bielefeld 2012

Die Tagung des Instituts für Praxis der Philosophie (IPPh), die durch diesen Band dokumentiert wird, wurde gefördert durch die FAZIT-Stiftung, den Darmstädter Förderkreis Kultur, die HSE Stiftung und die Kulturfreunde Darmstadt.

Bibliografische Information der Deutschen Nationalbibliothek

Die Deutsche Nationalbibliothek verzeichnet diese Publikation in der Deutschen Nationalbibliografie; detaillierte bibliografische Daten sind im Internet über http://dnb.d-nb.de abrufbar.

Postfach 10 04 27, D-33504 Bielefeld
Satz: Germano Wallmann, www.geisterwort.de
Druck: docupoint GmbH, Magdeburg

ISBN 978-3-89528-931-6
www.aisthesis.de

Inhaltsverzeichnis

Gernot Böhme

Einführung

Der Wunsch nach Alternativen speist sich beim einzelnen Menschen aus einem diffusen Unbehagen an unseren Lebensverhältnissen, einem Unbehagen, das erst zu einer bestimmten Kritik wird in dem Moment, in dem man anfängt zu überlegen, wie es auch anders sein könnte. Natürlich geht in dieses Unbehagen immer auch ein Wissen ein, nämlich das medienvermittelte Wissen über die *Krisen,* in denen wir uns befinden: Wirtschaftskrise, Finanzkrise, Umweltkrise etc. Dabei ist der Ausdruck *Krise* allerdings ein Euphemismus, weil er mit der Benennung des Übels zugleich suggeriert, dass es nur ein vorübergehendes ist: Das System ist in eine Krise geraten – wir sind in einer Phase der Unsicherheit und Gefährdung –, doch es wird sich nach einer Weile wieder stabilisieren. Die offizielle Politik ist durchweg darauf gerichtet, Maßnahmen zu ergreifen, diese Stabilisierung zu Wege zu bringen. Daraus folgt, dass die Suche nach Alternativen sich auch speist aus einer Kritik an der offiziellen Regierungspolitik. Sie nimmt die Krisen nicht als Krisen, sondern als Anzeichen, dass das *System* als solches verfehlt ist. Wenn die Suche nach Alternativen so radikal ist, könnte sie im Prinzip auch zu revolutionärem Denken führen. Doch der Gedanke an eine Revolution ist in Europa nach einem Jahrhundert schlimmster, revolutionsbedingter Zerstörungen völlig außerhalb des Möglichen, und die Beobachtung des – ebenfalls euphemistisch sogenannten – Arabischen Frühlings ist bei aller Sympathie nicht dazu geeignet, dem Gedanken an eine Revolution in Europa neue Nahrung zu geben.

Zusammengenommen bedeutet das: Das Denken in Alternativen bezieht sich nicht auf das System im Ganzen, es setzt geradezu die Resignation voraus, dass man das Ganze ändern könne. Die Suche nach Alternativen konzentriert sich auf die Reichweite einzelner Menschen und kooperierender Gruppen. Es ist regional und problembezogen. Insofern folgt es einer Maxime, die man als Umkehrung eines resignativen Diktums Theodor W. Adornos lesen kann, nämlich der Maxime „Es gibt ein richtiges Leben im falschen." Das Bemühen um Alternativen ist eine grassroote-Bewegung.

Das alles gilt im besonderen Maße, wenn es um alternative Wirtschaftsformen geht. Das bestehende Wirtschaftssystem wird im Großen zwar kritisiert, doch praktisch anerkannt, und die alternativen Wirtschaftsformen siedeln sich in Nischen an, bzw. schaffen sich Nischen innerhalb des Bestehenden. Die Kritik am bestehenden Wirtschaftssystem, aus der sich dann das Handeln im Einzelnen und regional ableitet, hat jedoch viele Facetten, und es wäre verfehlt und für das alternative Wirtschaften lähmend und verwirrend, wenn man glaubte, einen einzigen Kern als Ursprung allen Übels ausmachen zu können. Deshalb seien hier einzelne Kritikpunkte gesondert aufgeführt.

1. Da ist als Erstes die traditionelle Kapitalismuskritik zu nennen. Der Kapitalismus sei eine ausbeuterische Wirtschaftsform, und zwar einerseits, weil er der arbeitenden Bevölkerung – traditionell Proletariat genannt – den materiellen Gewinn ihrer Arbeit vorenthält und andererseits es unmöglich macht, dass sie sich in ihrem Werk erkennen, weil es sich der Kapitalist aneignet und zur Ware macht und weil schon die taylorisierte Produktionsweise es verhindert, dass sich der einzelne Arbeiter im Endprodukt wiedererkennt. Diese Art von Kapitalismuskritik ist im Prinzip nicht überholt, wenngleich in der Wohlstandsgesellschaft das Proletariat längst verbürgerlicht ist und heute durch moderate Teilnahme am allgemeinen Wachstum die grundsätzliche Frage nach einer Umverteilung des gesellschaftlichen Reichtums sich nicht mehr stellt (s.u. II.1). Die damit genannte Kapitalismuskritik bezieht sich also auf die ausbeuterischen und entfremdenden Produktionsverhältnisse.

2. Damit zusammenhängt ein Grund, den Karl Marx ursprünglich von seinem Denken über revolutionäre Alternativen her zum Kern der Sache gemacht hatte, nämlich, dass die produzierenden Arbeiter nicht über die Produktionsmittel verfügten, d.h. heißt also über die für die Produktion notwendigen Maschinen, Gebäude usw. Dadurch ergibt sich, dass das Arbeitsverhältnis zu einem Herrschaftsverhältnis wird und der Arbeitnehmer in Bezug auf das Was und Wie der Produktion wie auch in Bezug auf die Verwertung der Produkte vom Arbeitgeber abhängig ist. Diese Situation ist durch die sogen. Mitbestimmung nur partiell gemildert.

3. Ein dritter Punkt der Kritik am Kapitalismus bezieht sich auf die mit den Aktiengesellschaften erfundene besondere Form des Besitzes an Produktionsmitteln. War schon mit der Tatsache, dass Kapitalbesitz überhaupt die Basis von Produktion darstellt, die Gefahr gegeben, dass der Unternehmer in der Produktion nur auf seinen Profit sieht und darüber die Reproduktion sowohl seiner Arbeitskräfte als auch seiner Produktionsmittel vernachlässigt, so ist diese Gefahr bei den Aktiengesellschaften in besonderer Weise gegeben. Aktienbesitzer, also share-holder, wollen Dividende sehen und sonst nichts, und die Aktiengesellschaft als solche wird diesem Bedürfnis nach

Möglichkeit entgegenkommen, weil nämlich die davon abhängige Börsennotierung des Unternehmens ein Gradmesser für seine Kreditwürdigkeit darstellt.

4. Ein vierter Kritikpunkt bezieht sich darauf, dass sich Produzenten ihr bewegliches Kapital, also was sie für Material, Löhne, Werbung etc. vorschießen müssen, als Kredit von den Banken besorgen. Dieser Prozess ist aber im Vorschreiten, sodass die Kreditnahme sich auch häufig auf das feste Kapital, also für die Produktionsmittel, ausdehnt, sodass sich für diese eine durch die Zinsen bestimmte Zeit ergibt, in der sie sich amortisiert haben müssen. Schon Marx hat prophezeit, dass auf diese Weise tendenziell die Wirtschaft zu einer Herrschaft der Banken wird.

5. Mit diesem Punkt hängt aufs engste zusammen eine Kritik, die nicht speziell den Kapitalismus trifft, sondern das Geldsystem als solches, insofern es Zinsen für Kredite zulässt. Schon in der Antike – etwa zur Zeit von Solon in Athen – hat es staatsumwälzende Auseinandersetzungen wegen der sogen. Zinsknechtschaft gegeben. Fast alle Religionen haben deshalb ursprünglich den Zins verboten. Zwar ist es verfehlt, das eigentliche Problem im Zinseszins zu sehen, weil es nämlich auch ohne die Anhäufung durch Zinseszins darin besteht, dass man überhaupt durch bloßen Kapitalbesitz, also ohne Arbeit, Geld verdienen kann. Faktisch aber kann man etwa für die Bundesrepublik Deutschland feststellen, dass in den letzten Jahrzehnten der Kapitalbesitz expotenziell gestiegen ist, während die Reallöhne ungefähr auf gleichem Niveau blieben.

6. ist die Wirtschaft in den fortgeschrittenen Industrienationen, also Europas, Amerikas und Fernost, zu einer Verschwendungsökonomie geworden. Sie dient zum größten Teil nicht mehr der Befriedigung von Grundbedürfnissen, sondern der Steigerung des Lebens und seiner Ausstattung.[1] Haben einige Autoren schon früh erkannt, dass der Kapitalismus nicht Wirtschaft unter der Bedingung der Knappheit ist und sogar seinen Ursprung im Luxus gesehen, so kehrt er erst heute seinen wahren Charakter heraus, und zwar ist heute die Folie, auf der er als Verschwendungswirtschaft erscheint, das Umweltproblem: Jedes Wirtschaftswachstum führt zu einer Erhöhung des Materialverbrauchs und der Erschöpfung der Energieressourcen und zu

1 Dafür habe ich den Begriff der ästhetischen Ökonomie bzw. des ästhetischen Kapitalismus geprägt. G. Böhme: „Zur Kritik der ästhetischen Ökonomie“, in: *Zt. für kritische Theorie* 12/2001, S. 69-82. Auch in: Kaspar Maase (Hg.): *Die Schönheiten des Populären*, Frankfurt/M.: Campus 2008, S. 28-41.

einem weiteren Anwachsen des Mülls, und zwar eben auch des Mülls, der nicht recycelt werden kann – wie beispielsweise der radioaktiven Abfälle –, zu einer weiteren Stoffdissipation, zu einer Versiegelung der Landschaft und damit zum Verlust agrikulturell nutzbarer Fläche. Die Produktion des Überflusses und die Ästhetisierung des Realen, die für sich genommen vielleicht noch als Gewinn angesehen werden könnte, erscheinen in diesem Kontext als desaströse Entwicklung.

7. Schließlich die Globalisierung: Was in der Ideologie des Neoliberalismus nicht nur als ökonomischer, sondern als Menschheitsfortschritt gefeiert wurde, verdichtet sich inzwischen zur Menschheitskatastrophe. Durch die Run-away-Industrie, die jeweils in Billiglohnländer abwanderte, wurde die Ausbeutung für den Endabnehmer, die Konsumenten, verschleiert. Weltmarktinitierte und abhängige Monokultur zerstörte nicht nur die regionale Subsistenzwirtschaft, sondern auch die Autarkie der regionalen Wirtschaften in Bezug auf Saatgut. Der weltweite Transport von Teilzeug und Waren machte die Transportkosten nicht nur zu einem zentralen Faktor der Preisbildung, sondern erzeugte über die Herstellung der Waren hinaus durch den Transport selbst noch einen ungeheuren Energieverbrauch und damit verbunden eine zusätzliche Umweltverschmutzung.

Damit sind sicherlich nicht alle Kritikpunkte aufgezählt, und es wäre auch möglich, die einzelnen noch weiter aufzufächern. In jedem Fall sieht man, dass die unterschiedlichen Versuche zu alternativen Wirtschaften sich jeweils an bestimmten dieser Kritikpunkte entzünden. So wie sie in der Regel regional ansetzen, so sind sie als Alternativen auch partikular, betreffen auch hier nicht das existierende Wirtschaftssystem in seiner ganzen Komplexität.

Die heute in der Bundesrepublik Deutschland praktizierten Wirtschaftsformen sind auf dem Hintergrund der Resignation in Bezug auf das Ganze bestimmt durch einen freudigen Aktivismus im Einzelnen und Regionalen – sicherlich mit der Hoffnung, dass man über Ansteckungseffekte und Vernetzung irgendwie vielleicht doch einmal das Ganze ändern könnte. Die Resignation, die die Alternativen grundiert, ist durch das Scheitern des historischen Großexperiments, das mit der Sowjetunion seinen Anfang nahm, bestimmt, wie auch durch die Frustration, in der die Hoffnungen der Studentenbewegung von 1968 und des Prager Frühlings ihr Ende fanden. In beiden Fällen war die große Alternative der Sozialismus, sei es nun als staatliche Planwirtschaft oder als demokratischer Sozialismus.

Durch einen Kerngedanken der sozialistischen Alternative zum Kapitalismus sind auch noch heute viele Alternativen bestimmt, nämlich dass die eigentlich, d.h. durch ihre lebendige Arbeit Produzierenden, auch die Verfügung über die Produktionsmittel haben sollten. Dieser Kerngedanke wurde in Deutschland bereits in der 2. Hälfte des 19. Jahrhunderts in der Genossenschaftsbewegung realisiert, die sich schon damals – sozialdemokratisch – als Alternative zum großen revolutionären Umsturz verstand. Es bildeten sich nicht nur Produktionsgenossenschaften, sondern auch Wohn- und Konsumgenossenschaften. In jedem Fall handelte es sich darum, dass die von einem Unternehmen betroffenen Arbeiter bzw. Konsumenten selbst Teilhaber des Unternehmens sind und demokratisch an seiner Führung mitwirken. Dieser Typ alternativen Wirtschaftens hat im 20. Jahrhundert als Notmaßnahme in den großen Wirtschaftskrisen Südamerikas einen bedeutenden Aufschwung genommen (s.u. III.1). Hier handelte es sich darum, dass Arbeiter ihr insolventes Unternehmen kollektiv übernommen und dann weitergeführt haben. Dieser Unternehmenstyp hat so viel Anerkennung gefunden, dass er in manchen Ländern sogar in der Verfassung verankert oder zumindest durch staatliche Aktivitäten gestützt wurde. In Deutschland nennt man eine solche Unternehmensform inzwischen solidarische Wirtschaft.[2] Hier hat sie sich insbesondere im Bereich der Agrikultur ausgebildet und nähert sich durch eine relative Abkopplung vom Markt wieder der traditionellen Subsistenzwirtschaft. Als solidarische Wirtschaft könnte sie also auch in dem Sinne bezeichnet werden, dass sie primär für den Eigenbedarf produziert. Das ist natürlich nur im Bereich der Nahrungsmittelproduktion möglich, während die südamerikanischen Genossenschaften als Industriebetriebe selbstverständlich weiterhin für den Markt produzieren und insofern auch vom Markt abhängig bleiben.

In der Nähe der alternativen Wirtschaftsform „solidarische Wirtschaft“ ist der am Gemeinwohl orientierte Wirtschaftstyp anzusiedeln (s.u. III.4). Auch die solidarischen Wirtschaften in der BRD versuchen sich stets in die Region zu integrieren und ihre Tätigkeit als Teil von Gemeinschaftsbildung und Landschafts- bzw. Heimatpflege einzurichten. Demgegenüber ist die Idee gemeinwohlorientierten Wirtschaftens abstrakter und diffuser.[3] Sie besteht darin, die Form des Wirtschaftens, also die Kapitalverwertung, die Produktion und die Bereitstellung von Dienstleistungen so einzurichten,

---

2 Verein zur Förderung der Solidarischen Wirtschaft e.V. (Hrsg.): *Schritte auf dem Weg zur solidarischen Writschaft*, Kassel: Kassel UP 2011.

3 Christian Felber: *Gemeinwohl-Ökonomie. Das Wirtschaftsmodell der Zukunft*, Wien: Deuticke [6]2011.

dass sie einen Beitrag zum Gemeinwohl darstellen bzw. ein Teil der Gewinne für gemeinnützige Zwecke zur Verfügung stellen. Natürlich könnte man jetzt sagen, dass jedes Unternehmen am Gemeinwohl orientiert ist, insofern es nämlich über Steuern auch zum Gemeinwohl beiträgt. Gleichwohl kann die Profitorientierung und die gegebenenfalls rücksichtslose Ressourcenausbeutung und Umweltzerstörung eines Unternehmens an Schaden weit übertreffen, was das Unternehmen über seine Steuern zum Gemeinwohl beiträgt. Von daher gesehen, ist das Stiftungswesen, das in den USA schon eine lange und ruhmreiche Tradition hat und sich auch in Deutschland immer mehr ausbreitet, zum Teil als eine Art Sühne anzusehen, durch die erfolgreiche Unternehmer der Gemeinschaft zurückgeben, was sie ihr ursprünglich durch teils rücksichtslose Geschäftsmethoden genommen haben. So segensreich solche Stiftungen auch im Allgemeinen sind, häufig behält sich eben doch der Stifter persönlich oder über Festlegung des Stiftungszweckes die Verwendung der Mittel vor und setzt so seinen partikularen Willen als Unternehmer auch in der Stiftung durch. Weitergehend wäre der Gedanke, dass ein Unternehmen in dem Sinne Gemeinwohl orientiert wäre, dass der Unternehmer eine andere Beziehung zu seinem Eigentum entwickelte, nämlich sich quasi als Treuhänder einer Allmende verstünde. (s.u. II.2)

Während die genannten Alternativen an der Eigentumsform ansetzen und von daher auch das Was und Wie der Produktion und der Bereitstellung von Dienstleistungen aus der reinen Profitorientierung herausdrehen, setzen andere Alternativen beim Medium *Geld* an. Hier ist vor allem an die inzwischen zahlreichen Versuche der Einführung eines regionalen Geldes zu denken (s.u.III.2). Der Kern dieser alternativen Systeme besteht in dem grundsätzlichen Verzicht auf Zins. Mehr noch: Das alternative Geld verliert dort, wo man dem Gedanken von Sylvio Gesell folgt, in zeitlich festgelegten Rhythmen an Wert. Damit ist der Möglichkeit, durch Geld Geld zu verdienen, ein Riegel vorgeschoben und – wenn das verallgemeinert würde, allerdings auch nur dann – eine der heute bedeutendsten Ursachen sozialer Ungerechtigkeit beseitigt. Faktisch ist das natürlich nicht der Fall, weil das Regionalgeld nur subsidiär und parallel zur allgemeinen Währung existiert. Und so sehr es die eine Funktion des Geldes betont und verstärkt, nämlich durch Zirkulation den gesellschaftlichen Austausch von Waren und Dienstleistungen zu fördern, so sehr kann es eine andere Funktion, nämlich die des Kreditwesens, auf die die Wirtschaft heute im Ganzen angewiesen bleibt, ersetzen.

Allerdings sieht man, dass auch hier Alternativen denkbar sind. So ist anstelle eines Kredites auch eine direkte Beteiligung des Geldgebers am betreffenden Wirtschaftsunternehmen möglich – wodurch er sich dann allerdings auch am Geschäftsrisiko beteiligt –, oder es sind zinslose Kredite denkbar und schließlich direktes Sponsoring eines Unternehmens. All diese Alternativen setzen allerdings ein grundsätzliches Umdenken voraus, eine andere Einstellung zum Eigentum (s.u. II.2) und die Bereitschaft seiner uneigennützigen Verwendung. Ein Mittelding besteht darin, dass man wenigstens die Kreditvergabe daran orientiert, wofür sie gegeben wird, d.h. also, dass man das jeweilige Unternehmen auf Umweltverträglichkeit und Sozialverträglichkeit seines Wirtschaftens hin bewertet. (s.u. III.3). Diese Bewertung könnte sich auch in der Höhe der Zinsen niederschlagen.

Eine dritte große Gruppe alternativen Wirtschaftens bilden die Beispiele geldloser Wirtschaft. Da das historische Modell dafür das Große Haus oder die Familie war – *Ökonomie* heißt ja ursprünglich sogar Hauswirtschaft –, redet man hier auch gelegentlich *Wahlfamilien*. Es geht hier um praktische Solidarität in dem Sinne, *dass man sich von dem betreffen lässt, was den anderen betrifft.*[4] Hauptbeispiele sind die verschiedenen Formen von Nachbarschaftshilfen, die heute im Bereich der Altenpflege eine neue und gesamtgesellschaftliche Relevanz gewinnt (s.u. III.6). Die Nachbarschaftshilfe kann aber auch organisiert und damit abstrakter werden, wenn sie über Tauschringe vermittelt wird.[5] Hier wird allerdings, was in informeller Nachbarschaftshilfe aus Solidarität, die keine Gegengabe erwartet, geleistet wird, zu einem Guthaben, das von dieser oder einer anderen Seite her eine Gegenleistung erwarten lässt.

Je mehr allerdings in einer Gesellschaft die Grundversorgung des Einzelnen sichergestellt ist (s.u. III.5), desto mehr kann sich auswirken, dass die Tätigkeit für andere auch einen Wert in sich hat. Davon lebt die wachsende Bewegung ehrenamtlicher Tätigkeiten. Das Ehrenamt als alternative Wirtschaftsform wird immer notwendiger in einer Gesellschaft, die man kritisch als *Dienstleistungsgesellschaft ohne Dienstleistungen*[6] bezeichnen kann. Wegen der Knappheit der öffentlichen Mittel und der rigorosen Preiskonkurrenz der Unternehmen untereinander (s.u. II.3), veröden ganze Dienstleistungsbereiche bzw. werden auf den Kunden abgewälzt. Da ist nur gut,

4 Siehe meine Definition von Solidarität in G. Böhme: *Briefe an meine Töchter*, Frankfurt/M.: Insel 1995.

5 Simone Wagner: *Lokale Tauschnetze. Untersuchungen zu einem alternativen Wirtschaftssystem*, Wiesbaden: Verlag für Sozialwissenschaften 2009.

6 Titel eines Vortrages von mir in der awareness-group, unveröffentlicht.

dass mit dem verlängerten Lebensalter sich auch für sehr viele Menschen eine Zeit öffnet, in der sie *unterfordert* sind und sich bereitfinden, für ihre Mitmenschen bzw. für öffentliche Aufgaben zur Verfügung zu stehen. Hier handelt es sich vor allem um die Dienstleistungen im Bereich der Kultur und der Pflege (s.u. III.6). Drohen ganze Institutionen wie Museen und Theater durch den Rückzug staatlicher Förderung zu verwaisen, so kann man über Letzteren heute in der Bundesrepublik Deutschland geradezu von einem Pflegenotstand sprechen. Beiden muss durch privates Sponsoring oder durch individuellen Geld- und Arbeitseinsatz begegnet werden.

Allgemeiner stellt sich hier das Problem der Integration des einzelnen Menschen in die Gesellschaft jenseits der Arbeitsgesellschaft. Zwar hält unsere Gesellschaft bzw. die offizielle Politik wie am Ziel des Wirtschaftswachstums so auch am Ziel der Vollbeschäftigung fest und damit am Selbstverständnis unserer Gesellschaft als Arbeitsgesellschaft: Man gehört dazu, wenn man einen Job hat. Das führt zu einem weiteren Motiv, das Wirtschaftswachstum fortzusetzen bzw. durch technische Innovationen den Produktions- und Dienstleistungssektor vor Schrumpfung zu bewahren: Da die technische Entwicklung durch Erhöhung der Produktivität faktisch laufend zur *Freisetzung* von Arbeitskräften führt, ist ein Hauptziel der offiziellen Wirtschaftspolitik, Arbeitsplätze zu schaffen. Wenn man der so initiierten Produktion von Luxusgütern und Militärausrüstung etwas entgegensetzen will, so müssen alternative Formen gesellschaftlicher Zugehörigkeiten des Einzelnen jenseits von Arbeit entwickelt werden. Dabei bleibt die alte Idee der *nachindustriellen Gesellschaft* und des Prager Frühlings, dass nämlich durch eine Ausweitung demokratischer Beteiligungsmöglichkeiten solche neuen Zugehörigkeiten entstehen könnten, erhalten, doch konkreter und realistischer ist die Integration innerhalb der geldlosen Wirtschaft, insbesondere über das Ehrenamt.

Das Institut für Praxis der Philosophie e.V. IPPh hat in seiner awareness-group einen Ort geschaffen, an dem Philosophie als Weltweisheit betrieben wird, also – nach der Kantischen Definition: Philosophie, die sich um das kümmert, was jedermann angeht. Hier werden von Mitarbeitern laufend gesellschaftliche Probleme und Defizite besprochen in der Absicht, durch einzelne Initiativen auch praktisch einzugreifen. Solche Initiativen sind bisher das Pilotprojekt *präoperative Patientenfürsorge* und die Schaffung eines Regionalgeldes für den Landkreis Darmstadt-Dieburg. Darüber hinaus versucht die awareness-group ihre Diskussionen noch auf ‚klassische' Weise wirksam werden zu lassen, indem sie sie nämlich veröffentlicht. Dazu dienen die jährlich stattfindenden Herbsttagungen. Nach ausgedehnten und erregten öffentlichen Debatten über das gesetzliche Alter der Strafmündigkeit hat das Institut das Thema allgemeiner aufgegriffen und eine Tagung über die Mündigkeit des Menschen durchgeführt, deren Ergebnisse veröffentlicht wurden.[7] Das nächste Tagungsthema war die Kritik der Leistungsgesellschaft. Hier sollte das Paradox diskutiert werden, dass wir in einer reichen Gesellschaft, nicht zu sagen einer Überflussgesellschaft, leben und gleichwohl die meisten unzufrieden sind und vom Bildungssektor über den Beruf bis in die Freizeit im Stress leben. Auch die Ergebnisse dieser Tagung wurden veröffentlicht.[8] Natürlicherweise schloss sich daran die Frage nach den tieferen Ursachen an, nämlich nach den wirtschaftlichen. Das traf zusammen mit der tiefen Beunruhigung, dem Zweifel am Bestehenden, aber auch dem Willen zur alternativen Lebens- und Wirtschaftsweisen, die durch die Finanz- und Wirtschaftskrise ausgelöst wurden. Die Ergebnisse der dazu veranstalteten Tagung werden im vorliegenden Band dokumentiert. Er enthält zugleich einen Bericht darüber, wie das Institut versucht hat, seine Diskussionen in Praxis umzusetzen, nämlich durch die Einführung des *Regios* im Landkreis Darmstadt-Dieburg (s.u. IV.1). Das nächste Thema wird dann der Pflegenotstand sein. Ein Thema, das sich konsequent aus der Durchsicht gegenwärtiger wirtschaftlicher Probleme und seiner Beziehung zur Bevölkerungsentwicklung ergibt. Das wird Gelegenheit geben, auch von der anderen praktischen Initiative des Instituts Rechenschaft abzulegen, nämlich über das Pilotprojekt *präoperative Patientenfürsorge* zu berichten.

---

7 G. Böhme (Hg.): *Der mündige Mensch. Denkmodelle der Philosophie, Geschichte, Medizin und Rechtswissenschaft*, Darmstadt: WBG 2009.

8 G. Böhme (Hg.): *Kritik der Leistungsgesellschaft*, Bielefeld/Basel: Edition Sirius im Aisthesis Verlag 2010.

Theorie und Kritik
der wirtschaftlichen Entwicklung

Gernot Böhme

Kritik des Wachstums

I. Wachstum überhaupt

Der Ausdruck *Wachstum* ruft immer positive Konnotationen hervor. Dass Wachstum etwas Gutes ist, hat wohl jeder Mensch in seiner Kindheit und Jugend erfahren. Mit welchem Vergnügen hat man jährlich an den Strichen im Türsturz selbst gesehen, dass man wieder ein paar Zentimeter gewachsen war. Wachsen heißt größer werden, mehr können und mehr dürfen. Die Zustimmung zum Wachsen sitzt so tief, dass man Leben geradezu mit Wachsen gleichsetzt – und lieber von Wuchern spricht, wenn ein Wachstum nicht akzeptabel, wenn es vom Übel ist, wie beim Krebs. Wir müssen damit rechnen, dass diese Wertschätzung von *Wachstum* ideologisch genutzt wird, wo immer von Wirtschaftswachstum die Rede ist.

Auf diesem Hintergrund alltagssprachlichen Verständnisses von Wachstum ist es nützlich, sich eines Menetekels aus der Frühzeit der industriellen Revolution zu erinnern, das sich in Justus von Liebigs *Agrikulturchemie* findet. Dies ist das Buch, durch das er die Idee des künstlichen Düngers eingeführt – und propagiert hat. Dadurch wurde die alte Humus-Theorie abgelöst und, wirtschaftlich gesehen, die Industrialisierung der Landwirtschaft eingeleitet. Dieser Prozess kann ja als prototypisch angesehen werden für alles, was uns heute im Zusammenhang von Wachstum beunruhigt: Kapitalistische Transformation der Produktionsformen und -verhältnisse, Landflucht und Proletarisierung der ehemaligen Landbewohner, Mono-Kulturen und Artenschwund, Pestizid-Probleme, Verlust von landwirtschaftlich nutzbarer Fläche, Wasserverknappung, Welthunger, Grüne Revolution und heute: Grüne Gentechnik.

Liebig verspricht sich und seinen Abnehmern von künstlichem Dünger: *hohe und immer steigende Ernten von ewiger Dauer.*[1] Es ist erstaunlich, dass er, immerhin ein Naturwissenschaftler ersten Ranges und selbstverständlich in Mathematik beschlagen, diesen Satz als Prophezeiung einer glücklichen Zukunft in die Welt setzen konnte, – weniger, dass seine Leser ihn so

1 Justus von Liebig: *Die Chemie in ihrer Anwendung auf Agricultur und Physiologie* (1840), Braunschweig: Vieweg 1862, Bd. 1, S. 12.

verstanden. Uns ist inzwischen klar, dass die beiden Teile der Aussage *hohe und immer steigende Ernten* einerseits und *von ewiger Dauer* andererseits sich nicht miteinander vertragen, um nicht zu sagen: im Widerspruch zueinander stehen. Das ist der Fall, wenn man den Ausdruck steigende Ernten so versteht, dass jeweils die Ernte dieses Jahres verglichen mit der Ernte des Vorjahres um einen gewissen Prozentsatz gestiegen ist. Das kann nicht gut gehen, denn es handelt sich dann um exponentielles Wachstum – und das kann nicht ewig so fortgesetzt werden. Da es nämlich immer Randbedingungen des in Frage stehenden Prozesses gibt, im Falle der Agrikultur Faktoren, die nicht durch Düngung gesteigert werden können – und sei es auch nur das zur Verfügung stehende Wasser oder das zur Verfügung stehende Kohlendioxid, ganz zu schweigen von den Nebenfolgen der künstlichen Düngung wie z.B. Versalzung, wird die Wachstumskurve nicht gegen Unendlich laufen, sondern sich einem Grenzwert anschmiegen.

Ich entnehme zur Veranschaulichung die entsprechende Kurve aus Derek de Solla Price's Buch *Science since Babylon*. Sie heißt Sigmoide oder logistische Kurve.

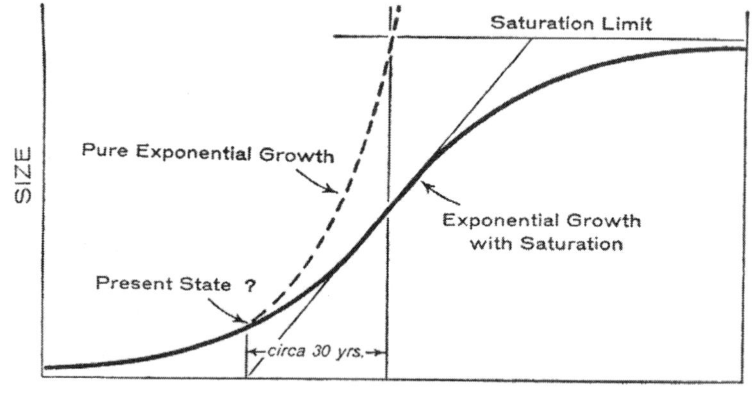

De Solla Price hat in den 60er Jahren des vorigen Jahrhunderts für fast alle Parameter, durch die man den Wissenschaftsbetrieb messen kann: also Zahl der Universitäten, Zahl der Wissenschaftler, Zahl der jährlich publizierten Abstracts etc. ein exponentielles Wachstum festgestellt.[2] Sein Studium

2 Derek de Solla Price: *Science since Babylon* (1961), enlarged edition New Haven, London: Yale UP 1975.

derartiger Wachstumsprozesse führte ihn zu einer eindringlichen Warnung an seine Zeitgenossen, sich auf einen Wandel des Wissenschaftssystems, wenn nicht gar tiefe Einschnitte, Katastrophen wie Massenarbeitslosigkeit von Akademikern bzw. Rückentwicklungen einzustellen. Dass das damalige Wachstum von Wissenschaft nicht auf Dauer so weitergehen konnte, folgte allein schon aus der Tatsache, dass danach in absehbarer Zeit jeder Mensch ein Wissenschaftler sein würde, bzw. der Finanzbedarf des Wissenschaftssystems das BIP (GNP) überschreiten würde.[3] Dabei stellt die Sigmoide gewissermaßen nur die naturgemäße oder sanfte Anpassung an die Randbedingungen der Entwicklung dar, während in der Realität durchaus auch massive Einbrüche die Folge sein können.

In summa: schon mathematisch kann man zeigen, dass exponentielle Wachstumsprozesse nicht von Dauer sein können. Sie laufen gegen eine Wand, die durch die vorhandenen Ressourcen, den Raum, Stabilitätskriterien oder sonstige Randbedingungen der Entwicklung bestimmt ist. Im günstigsten Fall schwenken sie in eine logistische Kurve ein. Prototypische Prozesse exponentiellen Wachstums sind auf Seiten der Natur die Zellteilung, also z.B. das Wachstum von Bakterienpopulationen, und auf Seiten der Zivilisation das Kapitalwachstum durch Zinseszins.

II. Grenzen des Wachstums

Die Meadows haben 1972 als Bericht einer Studie des Club of Rome ein Buch mit dem Titel *Die Grenzen des Wachstums* herausgebracht.[4] In diesem Buch stellen sie für relevante Parameter der globalen Menschheitsentwicklung wie etwa die Weltbevölkerung, das globale Wirtschaftsprodukt, die Größe der Städte etc. in ihrer Periode ein exponentielles Wachstum fest. Sie untersuchen dann in Modellrechnungen deren Wechselwirkung und die Einwirkung von Randbedingungen, wie etwa agrikulturell nutzbare Fläche, fossile Brennstoffe, mineralische Rohstoffe etc. und kommen zu dem Schluss, dass massive Veränderungen des Konsumverhaltens, des Wirtschaftens, des Energieverbrauchs

3 Dabei wird vorausgesetzt, dass die Wachstumsrate der Wissenschaft größer ist als die der Bevölkerung und des BIPs.

4 Dennis Meadows, Donella Meadows, Erich Zahn, Peter Milling: *Die Grenzen des Wachstums. Bericht des Club of Rome zur Lage der Menschheit* (1972), Reinbek: Rowohlt 1973.

etc. notwendig seien, soll es nicht zu Katastrophen wie Hungersnöten oder kriegerischen Verteilungskämpfen kommen. Ich zeige nun eine Graphik, die ich ausgewählt habe, weil sie einen Bezug zu unserem Ausgangspunkt bei Justus von Liebig hat, nämlich die Graphik, in der sie das Gegeneinanderlaufen des Wachstums der zur Welternährung benötigten Fläche und des Abfalls der im Prinzip zur Verfügung stehender Fläche darstellen.

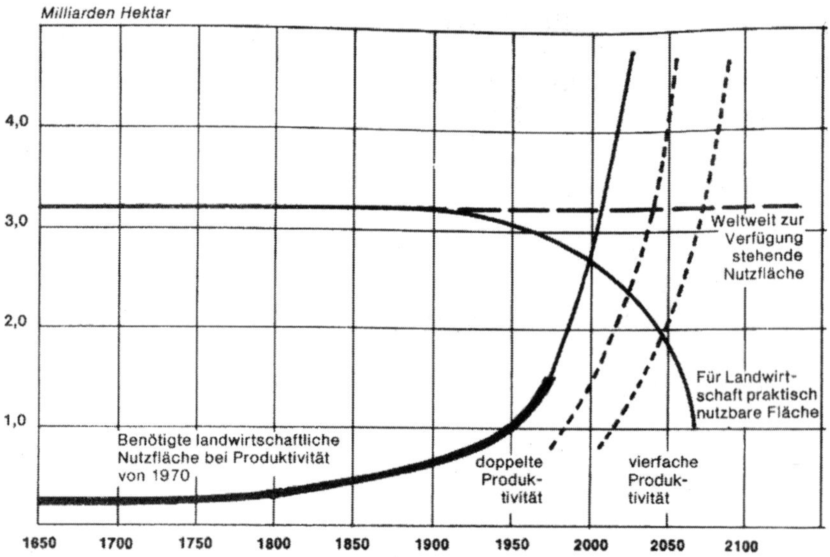

Beide Kurven sind bedingt durch das Bevölkerungswachstum: das Anwachsen der benötigten landwirtschaftliche Nutzfläche natürlicherweise durch den Nahrungsmittelbedarf der Bevölkerung, das Abfallen der zur Verfügung stehenden Nutzfläche durch den ebenfalls durch das Bevölkerungswachstum bedingten Anstieg der für Wohnen, Verkehr, Industrie verbrauchten Flächen. Dabei ist noch nicht berücksichtigt, was für uns seit einiger Zeit relevant ist, dass durch die intensive Landwirtschaft selbst laufend Agrarland verloren geht. Die Graphik zeigt, dass beide Kurven sich irgendwo schneiden müssen, dass also zu einem absehbaren Zeitpunkt – damals war die naheliegendste Prognose das Jahr 2000 – der Bedarf an Nutzfläche das Gebot übersteigend würde, dh. das Wachstum der Weltbevölkerung nicht mehr wie bisher würde weitergehen können – und es in Folge dessen z.B. zu Hungersnöten, erhöhter Säuglingssterblichkeit o.Ä. kommen würde.

Die Graphik der Meadows zeigt, dass sie durchaus mit der Veränderung der Randbedingungen ihrer Extrapolationen rechnen, wie z.B. durch Entwicklung neuer Technologien, hier der Agrartechnologien. Deshalb zeigt die Graphik noch alternative Verläufe unter der Voraussetzung einer Verdopplung oder Vervierfachung der landwirtschaftlichen Produktivität. Das ändert jedoch nichts an der grundsätzlichen Aussage, nämlich dass in absehbarer Zeit der Bedarf an landwirtschaftlicher Nutzfläche an die Grenze des urbar zu machenden Bodens stößt.

Die Entwicklung neuer Technologien war von Anfang an die eine Möglichkeit, durch die man sich die Aufhebung oder zumindest die Verschiebung der von den Meadows prognostizierten Grenzen des Wachstums denken konnte. Die andere war die Entdeckung neuer Ressourcen. Diese Möglichkeit betrifft vor allem die Prognose, dass für weiteres Wachstum vor allem die Ressourcen an nicht erneuerbaren Bodenschätzen, Mineralien, Metallen, Erdöl, Erdgas eine Grenze darstellen. Insbesondere war zum Zeitpunkt der Erstveröffentlichung des Berichts des Club of Rome die mögliche Erschöpfung der Vorräte an Erdöl eine der zentralen Bedrohungen. In der Zwischenzeit hat sich gezeigt, dass die Neuentdeckung von Reserven den Abbau sogar überstieg. Eine weiterere Entwicklung, die die Bedrohlichkeit der Meadowsschen Prognosen abgeschwächt hat, ist die Tatsache dass ein Abflachen der Wachstumsraten wesentlicher Parameter festzustellen ist. Das gilt vor allem für das Bevölkerungswachstum. Das Sinken der Geburtenrate, beispielsweise durch die Ein-Kind-Politik in China wurde jedoch vielfach durch den Rückgang der Sterberate wettgemacht. Das Wachstum der Weltbevölkerung ist jedenfalls nach wie vor exponentiell und die Uno rechnet zum Jahre 2050 mit einer Zahl von 9 Milliarden Menschen.

Die Meadows haben den Veränderungen in ihren Voraussetzungen dadurch Rechnung getragen, dass sie im Abstand von zehn Jahren ein Update veröffentlicht haben. Das letzte Update, nämlich das Update nach 30 Jahren aus dem Jahre 2004 zeigt nun eine strukturelle Veränderung der Betrachtungsweise. Die Verschiebung der Grenzen durch neue Technologien, neuentdeckte Ressourcen und den Rückgang der Geburtenrate, wird konterkariert durch das Auftauchen einer Grenze neuen Typs, die wir pauschal als ökologische Belastung der Globus oder den *ökologischen Fußabdruck* bezeichnen können: Das weitere Wachstum wird begrenzt werden: durch den Treibhauseffekt, die Erosion, Versalzung und Vergiftung von Böden, die allgemeine Stoffdissipation, die Verschmutzung bzw. Sterilisierung von Gewässern. Die Bedeutung dieser Faktoren hat die Meadows zu einer Veränderung ihrer Betrachtungsweise geführt. War die ursprüngliche durch den Antagonismus von Wachstum und Ressourcenverbrauch bestimmt, so die jüngste durch die Dreiheit von Wachstum, Ressourcen, humanem Stoffwechsel und Ausscheidungen. Der Prozess der menschlichen Reproduktion wird, wie sie sagen, auf der einen Seite durch die Erschöpfbarkeit von *Quellen*, auf der anderen Seite durch die begrenzte Aufnahmefähigkeit von *Senken* im globalen Ökosystem begrenzt.[5] Dieser Wechsel hat u.a. zur Folge, dass sie eine weitere Steigerung des Energieverbrauchs der Menschheit nicht mehr durch die Quellen, sondern die Senken beschränkt sehen, also den Treibhauseffekt und im Falle der Kernenergie durch den radioaktiven Müll.[6]

Die Veränderung der Perspektive hat auch bei den Meadows dazu geführt, dass sie ihre Hoffnung auf Nachhaltigkeit, sustainability, setzen. Dieser Ausdruck ist seit der Konferenz von Rio 1992 zu einem Modewort geworden. Da im Deutschen der Ausdruck aus der Forstwirtschaft stammt – man soll nicht mehr aus einem Forst herausschlagen als nachwächst – glaubt man, dass er ein Gleichgewicht im Sinne von Null-Wachstum bezeichnet. In Wahrheit ist das Ziel der Nachhaltigkeit in Rio jedoch durch politische Kompromisse zustande gekommen, die in diesem Fall weiteres Wirtschaftswachstum sehr wohl einschließen, sogar fordern. Die drei Aspekte von Nachhaltigkeit sind nach Rio: environmental protection, economic growth, social equity.[7] Man sieht, dass diese Aspekte von Nachhaltigkeit in einer inneren Spannung stehen, um nicht zu sagen, dass sie sich widersprechen. Insbesondere wird weltweit soziale Gleichstellung nicht ohne weiteres wirtschaftliches Wachstum zu erreichen sein, zumal wenn man den Lebensstandard Mitteleuropas als Ziel humaner Existenz ansieht. Wenn man danach den Entwicklungsländern einen Nachholbedarf, den sie auch beständig einfordern, zugesteht, so wäre dann die minimale Forderung gegenüber den Industrienationen kein weiteres Wachstum zuzulassen. Das Gegenteil ist der Fall.

---

5 Donella Meadows, Jörgen Randers, Dennis Meadows: *Die Grenzen des Wachstums. Das 30-Jahre-Update. Signal zum Kurswechsel* (2004), Stuttgart: Hirzel 3. Aufl. 2009, Siehe besonders das Kapitel „Die Grenzen: Quellen und Senken", S. 51-131.

6 Wegen des ungelösten Problems der Endlagerung von radioaktivem Abfall ist für die Meadows Kernenergie bereits schon so indiskutabel, dass sie ihr nur noch 2 kleine Randbemerkungen widmen, s. S. 95, 112.

7 Volker Hauff (Hg.): *Unsere gemeinsame Zukunft. Der Brundtland-Bericht der Weltkommission für Umwelt und Entwicklung*, Greven: Eggenkamp Verlag 1987.

III. Wachstumspolitik und -ideologie

Wenn man sich diese ausgedehnten Diskussionen über die Grenzen des Wachstums vor Augen geführt hat, so ist es schier unfasslich, dass Wachstum nach wie vor das A und O der Wirtschaftspolitik, vielleicht sogar der Politik im Ganzen ist. Wenn wir von *unseren Werten* sprechen, so ist *Wachstum* wohl der unbestrittenste. Kein Tag vergeht, in dem nicht das Wirtschaftswachstum in den Medien besprochen wird, Wachstum begrüßt, Stagnation beklagt, Rezession als schlechthinniges Unglück hingestellt wird. Dass es der Wirtschaft gut geht, heißt, dass sie wächst. Ja umgekehrt: Wenn sie nicht wächst, heißt das, dass es ihr schlecht geht. So reden die *Wirtschaftsweisen*, so reden *die führenden Wirtschaftsinstitute*, so reden einstimmig Politiker und Gewerkschaftsfunktionäre. Wachstum ist der Indikator, an dem Wirtschaft gemessen wird.

Durch das Ziel *Wirtschaftswachstum* ist z.T. die reale Politik bestimmt, zum anderen dient dieses Ziel ideologisch dazu, auch ganz Anderes zu rechtfertigen. Für Ersteres ist die sog. Abwrackprämie ein Beispiel, durch die für das Verschrotten von Altautos der Staat eine Prämie zahlte, wenn zugleich ein Neuwagen angeschafft wurde. Für das letztere ist das sog. *Wachstumsbeschleunigungsgesetz* ein Beispiel, das inhaltlich zum geringsten Teil mit Wachstum zu tun hat. Das Stichwort *Wachstum* diente lediglich dazu, ein Bündel ganz anderer Maßnahmen ideologisch in einer Zeit zu rechtfertigen, die bedrohlich durch Rezession geprägt war. Diese Politik entspricht in etwa der Politik der US-amerikanischen Regierung, die nach dem 11. September die Einschränkung der Bürgerrechte unter dem Titel *Patriot-Act*, also deutsch etwa „Vaterlands-Gesetz", verkaufte.

Wachstum ist für die Regierung der BRD sogar eine gesetzlich vorgeschriebene politische Maxime. Durch das *Stabilitäts- und Wachstums-Gesetz* von 1967 sind als Eckpunkte jeder Politik die Ziele Wachstum, niedrige Arbeitslosigkeit, niedrige Inflationsrate und ausgeglichene Außenhandelsbilanz festgelegt. Diese Ausformulierung eines Staatszieles trägt noch deutlich die Züge von Ludwig Erhardts Handschrift, obgleich seine Zeit eigentlich vorüber war. Vielleicht wollte man durch dieses Gesetz auf Dauer stellen, was als Politik zu Erhards Zeit so erfolgreich war. Oder man hatte inzwischen eingesehen, dass das eine Element des Gesetzes nicht ohne das andere zu haben ist. So wurde etwa unter dem Stichwort *Beschäftigungsschwelle* der Zusammenhang von Wirtschaftswachstum und Abbau der Arbeitslosigkeit zum Gemeinplatz: Erst ein Wirtschaftswachstum von mindestens 2 Prozent wirke sich positiv auf den Arbeitsmarkt aus. Inzwischen ist Wirtschaftswachstum jedoch zum Legitimitätshintergrund für jede Art von Politik geworden. So dient die Bildungs- und Technologiepolitik dem Wirtschaftswachstum, weil sie nämlich Fachkräfte und technisches Know-how und Patente schafft, so ermöglicht die Familienpolitik der Einbeziehung von Frauen in den Arbeitsmarkt und schafft über Babys langfristig das Humankapital für die Wirtschaft. So dienen die Städtepolitik und die Landschaftsplanung dem Standort Deutschland. Selbst die Sicherheitspolitik wurde von einem Bundespräsidenten als ein Instrument bezeichnet, um die Interessen einer außenhandelsabhängigen Nation abzusichern. De facto mag Politik auch anderen Zielen dienen, de facto gibt es auch andere Staatsziele als Wirtschaftswachstum, doch gegenwärtig, d.h. in einer Zeit, die durch die sog. Finanz- und Wirtschaftskrise geprägt ist, dient die angebliche Förderung des Wirtschaftswachstum zur ideologischen Rechtfertigung von allem und jedem. Ideologisch – weil, wie wir gezeigt haben, die Einsicht in die Probleme fortgesetzten Wirtschaftswachstums längst vorhanden ist. Und – um das in Erinnerung zu bringen – es handelt sich hier wieder um exponentielles Wachstum. Die Wachstumsprozente, mit denen die Wirtschaft gemessen wird, beziehen sich jeweils auf den Stand des vorhergehenden Jahres.

IV. Das kapitalistische System

Muss Wirtschaft wachsen, um gesund zu sein?

Wirtschaftswachstum als Qualitätsmerkmal ist so selbstverständlich, dass auch Wirtschaftswissenschaftler keine Begründung dafür geben. Man muss schon deutlich werden, um überhaupt den Gedanken aufleuchten zu lassen, dass die Forderung des Wirtschaftswachstums für eine bestimmte Wirtschaftsform charakteristisch ist. Mit dem Hinweis auf Subsistenz-Wirtschaft, die über Jahrhunderte in vielen Teilen der Welt gut und stabil war, riskiert man gar den Vorwurf, man wolle *in die Steinzeit* zurück. Auch wenn man Subsistenzwirtschaft den Zeitgenossen nicht empfehlen will, genügt sie doch als Beispiel für die Behauptung: es geht auch anders. Umgekehrt legt sich die Vermutung nahe, dass der Zwang zu Wirtschaftswachstum ein Charakteristikum kapitalistischer Wirtschaft ist. Wie will man das zeigen?

Es empfiehlt sich für dieses Unternehmen bei Karl Marx nachzulesen, insofern er der Theoretiker des Kapitalismus ist, der den Kapitalismus kritisch sieht, ihn also „in der Perspektive vernünftiger Verhältnisse" – um Max Horkheimer zu zitieren – darstellt.

Nach Marx ist der Kapitalismus durch den Antagonismus von Arbeit und Kapital bestimmt. Auf der einen Seite steht das Kapital als die Möglichkeit der privaten Verfügung über Produktionsmittel, auf der andern Seite stehen die Arbeiter, die nichts außer ihrer Arbeitskraft zu verkaufen haben, doch damit zugleich für den Besitzer von Geldmitteln deren Realisierung als Kapital ermöglichen.[8] Nun scheint nach Marx bereits das Bestehen von Einzel-Kapitalisten in einem Produktionssektor ein Wachstumsmotor zu sein. In der Konkurrenz versuchen sie sich zu unterbieten, was sie u. A. genau dann können, wenn sie wachsen, d. h. in immer größerer Stückzahl und damit profitabler produzieren. Dieser Wachstumsprozeß führt zugleich zur Verdrängung oder Übernahme von Mitbewerbern und enthält in sich eine Tendenz zum Monopol. Dieser Tendenz ist durch die Anti-Kartell-Gesetzgebung und die zugehörige Aufsichtsbehörde im staatlich regulierten Kapitalismus inzwischen ein Riegel vorgeschoben worden. Also bleibt die andere Möglichkeit: Verwohlfeilerung der Waren durch Steigerung der Arbeitsproduktivität, d.h. durch Technisierung, Automatisierung bzw. Rationalisierung des Arbeitsprozesses. Dem beliebigen Fortschreiten in dieser Hinsicht ist nun nach Marx ein anderer Riegel vorgeschoben, nämlich durch das sog. *Gesetz vom tendenziellen Fall der Profitrate.*[9] Hier nun, glaube ich, müssen wir von Marx abweichen. Denn dieses Gesetz setzt die sog. Arbeitswert-Theorie voraus, nämlich die Behauptung, dass die Wertschöpfung im Produktionsprozess sich allein der angewendeten menschlichen Arbeit verdankt. Wenn das so wäre, so würde allerdings der produzierte Mehrwert und damit der zu erwirtschaftende Profit mit dem relativen Anwachsen des in den Produktionsmitteln, sprich Anlagen, steckenden Kapitals im Verhältnis zum sog. variablen Kapital, nämlich der lebendigen Arbeit beständig sinken.[10] Eine rein automatische Fabrik würde – zumindest nach ihrer Abschreibung – überhaupt keinen Mehrwert mehr produzieren. Hier ver-

---

8 Siehe das 25. Kapitel des Kapitals „Die moderne Kolonisationstheorie", in dem Marx den Transfer von Produktions- und Lebensmitteln in die Neue Welt schildert, die sich aber in Ermangelung von Arbeitern nicht in Kapital verwandeln lassen. Karl Marx: „Das Kapital. Kritik der politischen Ökonomie", in: *Ökonomische Schriften*, hrsg. von H.J. Lieber, Darmstadt: WBG 1971, Bd. I, S. 928ff.

9 Ebd., Drittes Buch, dritter Abschnitt, 2. Bd., S. 839ff.

10 Ebd., Bd I, S. 732ff.

sagt also die Marxsche Werttheorie. Wir können also davon ausgehen, dass der markbedingte Zwang zur Kostenreduktion zu einem Wachstum führt: Die Reduktion lebendiger Arbeit im Produktionsprozess verlangt eine Erhöhung des in den Anlagen steckenden Kapitals. Allerdings betrifft dieses Wachstum nur indirekt das Wachstum des BIP, des Brutto-Inhalts-Produkts einer Volkswirtschaft.

Auf der anderen Seite gibt dieses Ergebnis einen Hinweis auf einen noch tieferliegenden Grund zum Wirtschaftswachstum. Nach Marx setzt ja die kapitalistische Wirtschaft den Antagonismus von Arbeit und Kapital voraus. Dieser Antagonismus wirkt sich bis heute ganz manifest aus: Die Eigner von Produktionsmitteln, sprich die Unternehmen, versuchen ständig, den Anteil der Lohnkosten zu senken, d.h. zu rationalisieren, Arbeiter freizusetzen und damit nach Möglichkeit in ihrem Wirtschaften von den Arbeitern unabhängig zu werden. Auf der anderen Seite drängt die Arbeiterschaft, in der Regel vertreten durch die Gewerkschaften, ständig, ihren Anteil am Gewinn des Produktionsprozesses zu erhöhen, bzw. überhaupt am Produktionsprozess beteiligt zu bleiben. Dieser Kampf, der zunächst sich immer als Kampf um Löhne und die Erhaltung von Arbeitsplätzen darstellt, kann tendenziell ein echter Verteilungskampf werden. Um das zu vermeiden – können wir nun sagen – dazu dient das Wirtschaftswachstum: Wirtschaftswachstum erlaubt einerseits den Unternehmern auf moderate Lohnforderungen einzugehen, andererseits schafft es für die wegrationalisierten Arbeitsplätze durch Ausweitung der Produktion an anderer Stelle neue. Wirtschaftswachstum dient somit der sozialen Stabilität.

Damit wäre der tieferliegende Grund für den Zwang zum Wirtschaftswachstum <u>nicht</u> die Marktförmigkeit der Wirtschaft, sondern der Antagonismus von Arbeit und Kapital, also ein Charakteristikum kapitalistischer Produktionsweise überhaupt. Das hieße, will man den Zwang zum Wachstum überwinden – etwa aus ökologischen Gründen, wie die Meadows in ihrer letzten Auflage nahelegen –, so ist eine nicht-kapitalistische Wirtschaftsform anzustreben.

Kai Buchholz

Meditation über Eigentum

Die folgenden Überlegungen dienen nicht in erster Linie dazu, die Rolle, die das Eigentum in unserem Zusammenleben spielt, zu *kritisieren*. Es ist vielmehr der Versuch, eine *positive Alternative* zwischenmenschlicher Beziehungen am Leitfaden des Eigentums zu skizzieren. So utopisch dieses Idealbild auch erscheinen mag – vielleicht leistet es dennoch einen kleinen Beitrag zu konkreten Veränderungen.

Einleitung

Das, worum es geht, beschäftigt mich schon lange und zwar nicht nur intellektuell, sondern auch mit großer Leidenschaft. Aus diesem Grund bezeichne ich die folgenden Gedankengänge als ‚Meditation' und gestatte mir einige bewusst persönlich gefärbte Passagen.

Ich erinnere mich an eine Situation vor etwa zwanzig Jahren, als ich Enten in einem See beobachtete. Sie schwammen im Wasser, tauchten zwischendurch unter und flogen irgendwann davon. Wohin sie wohl flogen? Ich versetzte mich in Gedanken in einen dieser Vögel und spürte plötzlich ein beglückendes Gefühl völliger Freiheit. Ich wurde sehr neidisch darauf, dass Tiere nicht die vielen Dinge benötigen, die wir als Menschen (vor allem in der modernen Industrie- und Konsumgesellschaft) um uns herum anhäufen. Natürlich suchen Tiere nach Nahrung, und einige von ihnen haben Nester, Höhlen und vielleicht auch Lieblingsplätze. Aber sie brauchen keine Kleidung, keine Häuser, keine Möbel, keine Autos, keine Fernsehgeräte, Computer und Mobiltelefone. Wenn Vögel reisen wollen, fliegen sie einfach los und landen dort, wo sie wollen. Sie müssen keinen Urlaub beantragen, kein Flugticket buchen, keine Koffer packen, kein Hotelzimmer reservieren.

Selbstverständlich ist es eine uralte Idee der philosophischen Anthropologie, den Menschen als Mängelwesen aufzufassen. Sie taucht bereits in Platons Dialog *Protagoras* auf: Als Ausgleich für seine unzureichende natürliche Ausstattung besitzt der Mensch Verstand und Kunstfertigkeit, um die Welt so umgestalten zu können, dass er darin mit einer gewissen Stabilität leben kann.[1] Er produziert Güter, die für sein Überleben und für die Verwirklichung seines Menschseins unabdingbar sind. Diese Abhängigkeit von Gütern spielt für die Frage des Eigentums sicher eine Rolle – sie ist die vernünftige Facette der bürgerlichen Institution des Eigentums. Im Gegensatz zum Tier benötigt der Mensch materielle Dinge, um frei zu sein und die eigene Persönlichkeit glücklich zu entfalten. Unser tatsächliches Verständnis von Eigentum geht aber in einem negativen Sinne weit darüber hinaus. Bereits Platons Forderung in der *Politeia*, dass die Wächter des Staates keinen eigenen Besitz haben sollen, macht das deutlich: Was sie zum Leben benötigen, wird ihnen zur Verfügung gestellt, aber ihnen ‚gehört' persönlich nichts, denn sie sollen sich als Teil einer Gemeinschaft fühlen, in der nicht Gier und Neid zwischen den Menschen herrschen, sondern Gemeinschaftssinn und ein Bemühen um den Erhalt des Ganzen.[2]

Was ist Eigentum?

Doch was verstehen wir eigentlich unter ‚Eigentum'? Diese Frage ist nicht leicht zu beantworten. Als unser jeweiliges Eigentum betrachten wir wohl die Dinge, die uns ‚gehören'. Was also gehört mir? Wenn ich durch die Räume meiner Wohnung gehe, ist das eine ganze Menge. Auch die Kleidung, die ich trage, das Geld auf meinem Bankkonto, gewisse Gegenstände in meinem Büro gehören mir. Doch wie ist es eigentlich, wenn ich in ein Restaurant gehe und dort etwas zu essen bestelle? Ich persönlich finde es in diesem Falle etwas merkwürdig, davon zu reden, dass das bestellte Gericht mir ‚gehört'. Der Teller gehört mir eindeutig nicht. Er ist irgendwie ‚geliehen'. Aber ich glaube, das empfinden wir nicht unmittelbar, so wie wenn wir uns von jemandem ein Buch leihen. Und wie ist es mit dem Fernsehprogramm, für das ich Rundfunkgebühren bezahle? Wie ist es mit dem Strom, Gas und Wasser, die ich verbrauche? ‚Gehören' sie mir? Auch hier, glaube ich, haben wir den Eindruck, die Wörter ‚gehören' oder auch ‚Eigentum' nicht ganz richtig zu verwenden. Zumindest sind wir unsicher, ob wir sie an dieser Stelle korrekt gebrauchen. Die alltägliche Verwendung des Ausdrucks ‚Eigentum', die wir zwar praktisch beherrschen, die uns aber normalerweise nicht völlig präsent ist, legt es also nahe, dass Eigentum nicht einfach alles das ist, was uns

1 Vgl. Prot. 320c-322a.
2 Vgl. Pol. 464bff.

zur Bedürfnisbefriedigung zur Verfügung steht. Es scheint eine Tendenz zu geben, das Eigentum als etwas Dinghaftes und Beständiges zu begreifen: die Dinge, die mir gehören und die ich *horten* kann.[3]

Die Bemerkung, dass ich die Dinge horten kann, weist darauf hin, dass das Eigentum keine Eigenschaft ist, die diesen Dingen intrinsisch zukommt. Mein Kugelschreiber ist immer noch derselbe Kugelschreiber, wenn ich ihn jemand anderem schenke. Dass etwas mein Eigentum ist, charakterisiert keine Eigenschaft der Sache, sondern eine Beziehung, anscheinend eine Relation zwischen dem Ding und mir. Aber welcher Art ist diese Beziehung? Dass ich über den Gegenstand verfügen kann? Dass ich mit ihm machen kann, was ich will? Dass ich ihn nach Belieben pflegen oder aber auch zerstören, gebrauchen oder verbrauchen kann? Aber: Wenn mir etwas gestohlen wird, ist es meiner Machtsphäre entrissen. Trotzdem ist es eigentlich immer noch ‚mein Eigentum'. Und wenn ich unterwegs bin, sind die Bücher zu Hause im Regal mein Eigentum, dennoch kann ich sie in diesem Moment nicht lesen.

Das bürgerliche Recht auf Eigentum

Wir würden vielleicht sagen: Unabhängig davon, ob mein Eigentum mir gerade verfügbar ist, habe ich prinzipiell das *Recht*, mit ihm zu machen, was ich will. Doch was heißt das? Wer gibt mir dieses Recht? Offenkundig handelt es sich um eine gesellschaftliche Vereinbarung. Diese Vereinbarung gibt es tatsächlich, und in ihrer modernen Form leitet sie sich aus den Grundsätzen der bürgerlichen Verfassung ab. In der französischen Menschenrechtserklärung vom 26. August 1789, Artikel 17 heißt es dazu: „La propriété étant un droit inviolable et sacré, nul ne peut en être privé, si ce n'est lorsque la nécessité publique, légalement constatée, l'exige évidemment, et sous la condition d'une juste et préalable indemnité." Privateigentum wird hier für unverletzlich (*inviolable*) und heilig (*sacré*) erklärt. Aber warum? Offenbar, weil es persönliche Freiheit ermöglicht, über die es wiederum in Artikel 4 heißt: „La liberté consiste à pouvoir faire tout ce qui ne nuit pas à autrui". Man solle also alles tun dürfen, was man wolle, solange man anderen nicht schade.

---

3 Eine Ausnahme bildet vielleicht die Rede von ‚geistigem Eigentum'. Allerdings gehört sie nicht in die alltägliche Sprachverwendung, sondern in die Fachterminologie des Urheberrechts.

Doch wie sieht die heutige Rechtslage in Deutschland aus? Obwohl wir alle den Ausdruck ‚Eigentum' alltagssprachlich korrekt verwenden können, wissen wohl die wenigsten, wie die Eigentumsverhältnisse in unserem Staat geregelt sind. Das heißt, die normative Eigentumsrealität ist den meisten unbekannt. Grundlegend regelt die Eigentumsfrage Artikel 14 des Grundgesetzes. In Absatz (1) heißt es zunächst lapidar: „Das Eigentum und das Erbrecht werden gewährleistet. Inhalt und Schranken werden durch die Gesetze bestimmt." Neben Absatz (3), in dem es um den Sachverhalt der Enteignung geht, ist Absatz (2) höchst interessant. Er lautet: „Eigentum verpflichtet. Sein Gebrauch soll zugleich dem Wohle der Allgemeinheit dienen." Dieses Prinzip[4] entspricht sicher nicht der Art und Weise, wie das Gros der Deutschen über ‚ihr' Eigentum denkt. Die meisten scheinen einen egoistischeren und willkürlicheren Blick auf das, was ihnen gehört, zu haben, als es eigentlich unserer Rechtsordnung entspricht. Der Mensch, der sich mit Gütern allein zur eigenen Befriedigung umgibt, ist offenbar gar nicht der Mensch, den sich unsere Verfassungsväter und -mütter gewünscht haben.

Andererseits heißt es in § 903 des BGB: „Der Eigentümer einer Sache kann, soweit nicht das Gesetz oder Rechte Dritter entgegenstehen, mit der Sache nach Belieben verfahren und andere von jeder Einwirkung ausschließen." Das ist offenbar die Vorstellung von Eigentum, die sich in den Köpfen und Herzen der meisten Deutschen eingenistet hat. Von hier aus lässt sich nun auch ableiten, wie ‚Eigentum' in der Realität ‚funktioniert'. Dadurch, dass in einem Buch, und sei es ein Gesetzbuch, etwas steht, wird es ja nicht automatisch Wirklichkeit. Die gesetzlichen Normen müssen, wenn sie wirksam sein sollen, auch ‚durchgesetzt' werden. Das geschieht mit Gewalt, mit Hilfe der Exekutivorgane des Staates und, was die richtige Auslegung der allgemein formulierten Normen angeht, mittels der Judikative. Eigentümer sein setzt also ein Gemeinwesen voraus, das den Schutz des je individuellen Eigentums theoretisch vereinbart und das gleichzeitig Kräfte zur Verfügung stellt, die diesen Schutz, notfalls mit Gewalt, praktisch gewährleisten. Insofern ist das Eigentum im Grunde genommen keine einfache Beziehung zwischen Eigentümer und besessener Sache (etwa zwischen mir und meiner Unterhose), sondern zwischen Eigentümer, Sache und Gemeinschaft (Staat). Doch warum bleibt diese grundlegende zwischenmenschliche Komponente des Eigentums den meisten verborgen?

---

4 Vgl. dazu u.a. Katz, Alfred: *Staatsrecht*, Heidelberg 1985, S. 339-347; Stein, Ekkehart: *Staatsrecht*, Tübingen 1984, S. 161-177.

Eigentum, Verdinglichung und menschliche Entfaltung

Diesem Umstand hat Georg Lukács, anknüpfend an Marx, im Abschnitt *Die Verdinglichung und das Bewußtsein des Proletariats* in seinem Buch *Geschichte und Klassenbewußtsein* nachgespürt. Die Waren- und Eigentumsstruktur in der kapitalistischen Gesellschaft beruht für ihn wesentlich darauf, dass hier „eine Beziehung zwischen Personen den Charakter einer Dinghaftigkeit und auf diese Weise eine ‚gespenstige Gegenständlichkeit'"[5] annimmt. Aber worin genau besteht diese Verdinglichung? Ergänzend zitiert Lukács an etwas späterer Stelle *Die deutsche Ideologie* von Marx und Engels mit dem Satz: „Das Privateigentum entfremdet nicht nur die Individualität des Menschen, sondern auch die der Dinge"[6]. Wenn wir Eigentum nicht als das sähen, was es eigentlich sei, nämlich eine Beziehung zwischen Menschen, so folge daraus ein gestörtes Verhältnis zu den Dingen und zu den Menschen. In marxistischer Terminologie ausgedrückt, bedeutet Verdinglichung letztlich, dass sich der Tauschwert der Waren vor deren Gebrauchswert schiebt. Dadurch sehen wir nicht mehr in aller Deutlichkeit, dass produzierte Güter von Menschen für Menschen hergestellt werden, um das menschliche Leben zu verbessern. Anstatt von hier aus die Frage zu stellen, worin gelungenes Leben überhaupt besteht[7], und sich den realen Eigenschaften der natürlichen und künstlichen Dinge sowie den individuellen Eigenarten der Lebewesen – sich selbst eingeschlossen – mit vorurteilsfreiem Interesse, Leidenschaft und Feingefühl zuzuwenden[8], verschwinden alle Nuancierungen hinter dem durch das Geld repräsentierten Tauschwert, der die Verlockung erzeugt, immer mehr und mehr haben zu wollen.

Wer sich in seiner näheren und weiteren Umgebung umsieht, wird schnell feststellen, dass das offenbar auch der Fall ist und unter anderem mit dem modernen Selbstverständnis des Menschen zusammenhängt.

5 Lukács, Georg: *Geschichte und Klassenbewußtsein*, Darmstadt/Neuwied 1983, S. 170/171.

6 Marx, Karl/Engels, Friedrich: *Werke*. Bd. 3, Berlin 1983, S. 212.

7 Vgl. Buchholz, Kai: „Der mündige Konsument", in: G. Böhme (Hg.): *Der mündige Mensch*, Darmstadt 2009, S. 141/142.

8 Vgl. dazu u.a. Buchholz, Kai: „‚L'homme est responsable de ce qu'il est.' Bemerkungen zum anthropologischen Fundament der Politik", in: K. Buchholz, S. Rahman, I. Weber (Hg.): *Wege zur Vernunft*, Frankfurt/M./New York 1999, S. 73-87; Ders.: „Imitationen – Mehr Schein als Sein?", in: K. Buchholz, K. Wolbert (Hg.): *Im Designerpark*, Darmstadt 2004, S. 82-87.

Wie Hermann Schmitz im Rahmen seiner Neuen Phänomenologie richtig festgestellt hat, lässt sich dieses Selbstverständnis als ein rationalistisches bezeichnen, das auf „psychologistisch-reduktionistisch-introjektionistischer Vergegenständlichung“[9] beruht. Das bedeutet: Die Gefühle beziehungsweise allgemeiner das, was Schmitz ‚subjektive Tatsachen‘[10] nennt, werden heute radikal ausgeblendet. Natürlich spielen Gefühle im Leben nach wie vor eine zentrale Rolle, nur leider meist in ihrer negativen Erscheinungsform: als Neid, Geltungssucht oder Aggression. Was uns völlig fehlt, ist eine Kultur des Gefühlslebens, eine Kultur, die unser leibliches Spüren von unseren sozialen Beziehungen und unseren Erkenntnisbemühungen nicht abtrennt, sondern dieses Spüren als grundlegende Dimension menschlichen Lebens begreift und den fruchtbaren Umgang mit ihm entwickelt. Man mag einwenden, diese Sichtweise sei einseitig. Es gebe doch auch Zuneigung, Hilfsbereitschaft, Freude an schönen Dingen. Das stimmt zwar, aber fast ausschließlich in völlig unzureichender Weise. Ich kann hier nur von meiner eigenen Lebenserfahrung ausgehen, und die sagt mir deutlich: Wirklich sensible und liebevolle Menschen sind ausgesprochen selten. Ich meine damit Menschen, deren Liebesfähigkeit nicht auf Gefühlsduselei, sondern – im Sinne Erich Fromms – auf Disziplin, Konzentration, Geduld, Objektivität, Vernunft, Demut, Glauben und Mut beruht.[11] Es fehlt vor allem der Mut, die Welt so zu erleben, wie sie ist – mit ihren wunderbaren, aber auch mit ihren trostlosen Seiten. Und es fehlt der Mut, tiefe Gefühle

---

9 Schmitz, Hermann: *Kurze Einführung in die Neue Phänomenologie*, Freiburg/München 2009, S. 22. Die Verdinglichungstendenz wurde übrigens nicht nur von der Neuen Phänomenologie und vom Marxismus, sondern auch von pragmatischen Richtungen kritisiert. Hier steht dann nicht das Gefühl bzw. die Mitmenschlichkeit, sondern das Handeln als grundlegende Kategorie im Zentrum, das vor allem für die Wissenschaftstheorie und Sprachphilosophie als Alternative zu einem verdinglichenden Erkenntnisideal fruchtbar gemacht wurde. Vgl. dazu Buchholz, Kai: *Jeux et jeux de langage ou les modèles de la sémantique pragmatique de Ludwig Wittgenstein*, Saarbrücken 1996, S. 14; Janich, Peter: „Gestaltung und Sensibilität. Zum Verhältnis von Konstruktivismus und Neuer Phänomenologie“, in: Ders.: *Konstruktivismus und Naturerkenntnis*, Frankfurt/M. 1996, S. 154-177.

10 Schmitz (wie Anm. 9), S. 30-34.

11 Vgl. dazu Buchholz, Kai: „Der blinde und der sehende Amor. Über Liebe, Selbstkultivierung und Erkenntnis“, in: D. Croome, U. Gahlings, R. J. Kozljanič (Hg.): *Praxis der Philosophie*, München 2007, S. 197-206.

bei sich selbst zuzulassen und mit den tiefen Gefühlen anderer sorgsam umzugehen.[12] Was werden nicht alles für angeblich wissenschaftliche Erklärungsangebote dafür aufgefahren: der angeborene Egoismus, die Triebe der Selbst- und Arterhaltung, die auch am Grunde von Freuds Psychoanalyse schlummern[13], oder die heute so beliebten Rattenversuche der Neurowissenschaftler. Der Fehler liegt einfach darin: Es geht gar nicht um etwas, das sich wissenschaftlich *erforschen und erkennen* ließe. Mut aufbringen ist etwas, das man *tun* muss.

Diese von Fromm inspirierten Überlegungen verweisen natürlich auf ein anderes seiner Werke, das im Zentrum des hier diskutierten Themas liegt: sein Buch *Haben oder Sein*. Die Tendenz des modernen Menschen, Dinge zu horten, die sich – wie bereits dargelegt – hinter unserem alltäglichen Eigentumsbegriff verbirgt, bezeichnet Fromm als die Einstellung des Habens. Als Alternative stellt er ihr eine Ausrichtung am Sein gegenüber. Hier wird noch einmal deutlich, wie grundlegend unser Verhältnis zum Eigentum unser ganzes Menschsein – unser Selbstverständnis, unser Fühlen und unser Handeln – durchzieht. Die beiden unterschiedlichen Haltungen macht Fromm zunächst an einem einfachen Beispiel deutlich: Beim Erblicken einer schönen Blume verspüre der Habenmensch den Wunsch, sie zu besitzen. Er reiße sie aus, nehme sie mit nach Hause und stelle sie in eine Vase. Der am Sein orientierte Mensch bleibe stehen, versenke sich in den schönen Anblick der Blume, der ihn bereichere und seine Lebendigkeit spüren lasse, und gehe dann weiter. Der eine wolle von der Blume Besitz ergreifen und zerstöre sie damit, der andere wolle sie nur ansehen, mit ihr eins werden und sie leben

---

12 Vgl. dazu auch Schmitz' kluge und einfühlsame Bestimmung der Liebe, aus der hervorgeht, dass die die Liebe begleitenden Gefühle autoritären, d.h. handlungsleitenden Charakter besitzen: „Liebe ist eine mit einem [...] Gefühl gefüllte oder geladene gemeinsame zuständliche Situation, übrigens auch im Fall der unerwiderten Liebe, die den (die) Partner als Objekt (Verdichtungsbereich des zentrierten Gefühls) umfaßt. In ihrem chaotisch-mannigfaltigen ‚Hof' der Bedeutsamkeit schließt diese Situation Sachverhalte (z.B. Protentionen), Programme und Probleme ein; der Anteil an Programmen stammt weitgehend aus der Autorität des Gefühls [...]. Diese Sachverhalte, Programme und Probleme zeichnen die Dispositionen vor, die zum Lieben in der betreffenden Liebe (einem Fall der Gattung *Liebe*) gehören und für jede Liebe eigenartig sind" (Schmitz, Hermann: *Die Liebe*, Bonn 2007, S. 80/81).

13 Vgl. z.B. Freud, Sigmund: *Abriß der Psychoanalyse, Das Unbehagen in der Kultur*, Frankfurt/M. 1972, S. 12.

lassen.[14] Sehr plastisch arbeitet Fromm dann die Unterschiede von Haben- und Seinprinzip an den alltäglichen Bereichen des Lernens, des Erinnerns, des Gesprächs, des Lesens, der Ausübung von Autorität, des Wissens, des Glaubens und des Liebens heraus. Beim Lernen beispielsweise würden Studenten, die aufs Haben hin orientiert seien, die Inhalte einer Vorlesung möglichst vollständig in ihr Notizbuch schreiben, um später eine Prüfung ablegen zu können, jedoch ohne sich vom Gehörten persönlich bereichern zu lassen. Studenten im Seinsmodus reagierten dagegen auf aktive und produktive Weise. Was sie hörten, rege ihre eigenen Denkprozesse an; jeder von ihnen sei nach dem Vortrag ein anderer als vorher.[15] Dem Habenwollen eignet also eine Tendenz des Beharrens, dem Seinwollen eine des sich Weiterentwickelns. Das werde auch beim Gespräch deutlich. Am Haben orientierten Menschen komme es im Gespräch mit anderen darauf an, ihren *eigenen Standpunkt zu verteidigen*, am Sein orientierte Menschen setzten sich dagegen produktiv mit den Ansichten ihres Gegenübers auseinander, um am Ende zu einem *gemeinsamen Ergebnis* zu kommen:

> Während sich der ‚Habenmensch' auf das verläßt, was er hat, vertraut der ‚Seinstypus' auf die Tatsache, daß er ist, daß er lebt und daß etwas Neues entstehen wird, wenn er nur den Mut hat, loszulassen und zu antworten. Er wirkt im Gespräch lebendig, weil er seine Spontaneität nicht durch ängstliches Pochen auf das, was er hat, abwürgt. Seine Lebendigkeit ist ansteckend, und der andere kann dadurch häufig seine Ichbezogenheit durchbrechen. Die Unterhaltung hört auf, ein Austausch von Waren (Informationen, Wissen, Status) zu sein und wird zu einem Dialog, bei dem es keine Rolle mehr spielt, wer recht hat. Die Duellanten beginnen, miteinander zu tanzen und sie trennen sich voll Freude, statt im Gefühl des Triumphs oder im Gefühl, Pech gehabt zu haben, was beides gleich steril ist.[16]

Insgesamt zeigt Fromm auf, dass die Habenmentalität des westlichen Durchschnittsmenschen, die direkt aus der bürgerlichen Auffassung von Eigentum herauswächst, nicht zu einer ‚biophilen' persönlichen Entfaltung, sondern zu einer statischen, sterilen und letztlich ‚nekrophilen' Existenzweise führt.

---

14 Vgl. Fromm, Erich: *Haben oder Sein*, Stuttgart 1976, S. 26/27.
15 Vgl. ebd., S. 37/38.
16 Ebd., S. 42/43.

Alternative Eigentumsformen

Es soll an dieser Stelle nicht außer Acht gelassen werden, dass die bürgerliche Gesellschaft neben dem ‚Privateigentum' auch noch andere Eigentumsformen kennt. Im Ehe-, Gesellschafts- und Wohnungseigentumsrecht wird beispielsweise geregelt, wie Personen untereinander zu verfahren haben, die gemeinschaftliches Eigentum besitzen. Darüber hinaus entwickeln sich neuere Konzepte des kollektiven oder auch unbeschränkten Nutzungsrechts wie Car-Sharing oder Open Source, und natürlich gibt es die ‚öffentlichen Sachen': die Straßen, Plätze, Parks, öffentlichen Einrichtungen etc., die allen offenstehen.

Andererseits ist ein starker Trend der zunehmenden Privatisierung öffentlicher Dienstleistungen (z.B. Bahn- und Postwesen) zu beobachten. Es fällt auch auf, dass zahlreiche Menschen mit den öffentlichen Sachen nicht sehr sorgsam umgehen. Vor allem angesichts knapper werdender Ressourcen stößt die egoistische Eigentumsvorstellung des Kapitalismus an ihre Grenzen – ein Gesellschaftssystem, in dem man lernt, in erster Linie auf den eigenen Vorteil bedacht zu handeln, untergräbt die menschlichen Lebensbedingungen zunehmend.[17] Gleichzeitig offenbart diese Entwicklung einen fatalen Widerspruch innerhalb der bürgerlichen Auffassung von Eigentum und der von ihr bestimmten Realität.

Freiheit und Eigentum

Die in der französischen Menschenrechtserklärung fixierte Eigentumsgarantie soll eigentlich der Entfaltung individueller Freiheit dienen, scheint in der Praxis eine solche Entfaltung aber massiv zu behindern. Das mag vor allem damit zusammenhängen, dass sich im modernen Denken ein unauflösbares Spannungsverhältnis zwischen Selbstverwirklichung und Allgemeinheit eingenistet hat.[18] Wird Freiheit in der Moderne nicht meist als die Möglichkeit subjektiv-beliebigen Handelns verstanden? Das scheint ja bereits der zitierte

17 Vgl. dazu auch Hardin, Garrett: „The tragedy of the commons", in: *Science* 162 (1968), S. 1243-1248; Ostrom, Elinor u.a. (Hg.): *The Drama of the Commons*, Washington, DC 2002.

18 Vgl. dazu insbesondere Theunissen, Michael: *Selbstverwirklichung und Allgemeinheit*, Berlin/New York 1982.

Satz aus Artikel 4 der Menschenrechtserklärung nahezulegen. Hegel geht sogar noch einen Schritt weiter, indem er den Begriff der ‚Person' unmittelbar vom privaten Eigentum abhängig macht.[19] Das führt bei seinem Schüler Max Stirner dann geradewegs in die erwähnte Selbstverwirklichungsideologie, nämlich zu der Auffassung, das eigene Ich zum Dreh- und Angelpunkt der Welt hochzustilisieren:

> Erst dann, wenn Ich Meiner gewiß bin und Mich nicht mehr suche, bin Ich wahrhaft mein Eigentum: Ich habe Mich, darum brauche und genieße Ich Mich. Dagegen kann Ich Meiner nimmermehr froh werden, solange Ich denke, mein wahres Ich hätte Ich erst noch zu finden, und es müsse dahin kommen, daß nicht Ich, sondern Christus in Mir lebe oder irgend ein anderes geistiges, d.h. gespenstisches Ich, z.B. der wahre Mensch, das Wesen des Menschen u. dgl.[20]

Bedenkt man den historischen Zusammenhang, ergibt sich jedoch noch eine andere Lesart. Die vormoderne Zeit war ja durch absolutistische Willkürherrschaft und unbegründete Verhaltenskodizes geprägt. Eine lebendige Entfaltung war dadurch unmöglich: Die Freiheit, anders zu denken und ungewöhnliche Sichtweisen ernst zu nehmen, wie Fromm sie für das Gespräch fordert, war nicht gegeben. So gesehen, bestände ein wirklich aufklärerisches Freiheitsverständnis vielleicht darin, keine Denkverbote zu errichten, im Handeln aber gemeinschaftlich nach erstrebenswerten Lebensorientierungen zu suchen. Gegen die offenbar verbreitete statische Vorstellung eines nach außen hin abgekapselten Ich scheint hier ein erst zu bildendes Ich auf, das sich in der offenen und von echtem Interesse begleiteten Hinwendung zur Welt und zu den Lebewesen selbst findet und dabei mit dem Außen in ‚ozeanischer' Weise[21] verschmilzt.

Auf ähnliche Widersprüche der bürgerlichen Gesellschaft hat übrigens bereits William Morris hingewiesen, der in seinem Buch *Die Schönheit des Lebens* deutlich hervorhebt, dass die Französische Revolution, die doch eigentlich neben Freiheit auch Brüderlichkeit und Gleichheit erreichen wollte, mit der Maschinenarbeit die schlimmste Form der Sklaverei hervorgebracht habe. In drastischen Worten formuliert er das Fazit, „daß die

19 Vgl. Hegel, Georg Wilhelm Friedrich: *Grundlinien der Philosophie des Rechts*, Frankfurt/M. 1986, S. 98-109 (= §§ 40-45).

20 Stirner, Max: *Der Einzige und sein Eigentum*, Stuttgart 1981, S. 359.

21 Vgl. Freud (wie Anm. 13), S. 65.

heutige Civilisation auf dem Wege ist, alle Schönheit des Lebens niederzutreten und uns zu Geringerem als Menschen zu machen"[22]. In seinem utopischen Roman *Kunde von Nirgendwo* zeichnet Morris dann das Bild einer idealen Gesellschaft, in der die Menschen gerne arbeiten, sich um das Wohl der anderen kümmern und nur Güter herstellen, die der Mensch wirklich braucht – diese allerdings in hervorragender Qualität und von erlesenem Geschmack.[23]

Ist ein solches Leben wirklich unmöglich? Denken wir noch einmal an die Enten. Sie sind in gewisser Weise autark. Das gilt für den Menschen nicht. Er ist den Veränderungen seiner Umwelt in verletzlicherer Weise ausgesetzt als das Tier. Wäre es da nicht vernünftiger, von dieser alle Menschen verbindenden Bedürftigkeit auszugehen und diese gemeinsam zu meistern, anstatt neben den objektiv vorhanden Herausforderungen und Widrigkeiten noch neue zu erfinden – nämlich Bedrohungen *zwischen* Menschen? Dann käme man vielleicht dazu, den vernünftigen Kern der Institution Eigentum zu begreifen: die Ermöglichung produktiver menschlicher Entfaltung. Das setzt aber wohl nicht weniger voraus, als *alle* zerstörerischen Formen von Zwischenmenschlichkeit wie Neid, Unterwürfigkeit, Beleidigung, Hass, Betrug, Übervorteilung, Machtstreben usw. aufzugeben. Und hier muss und kann jeder bei sich selbst anfangen.

---

22 Morris, William: *Die Schönheit des Lebens*, Leipzig 1902, S. 6.

23 Vgl. Morris, William: *Kunde von Nirgendwo*, Stuttgart 1919.

Bernd Villhauer

„Geiz ist geil"

Lohn- und Preisdumping – Defizite unserer Wirtschaftsform?

Zunächst wollen wir eine Definition versuchen, die sich mit Dumping im eigentlichen und im übertragenen Sinn beschäftigt. Was also verstehen wir unter Dumping? Vom englischen „to dump" – „abladen, wegschütten, loswerden" kommt der Ausdruck, der das strategische Anbieten von Waren zu sehr niedrigen Preisen bezeichnet. Dumping dient a) der Erlangung einer stärkeren Markposition oder b) dem Eintritt in diese Märkte durch extrem niedrigpreisige Angebote. Wichtig ist, dass Dumping in wirtschaftswissenschaftlichem Sinn nicht einfach nur starke Preissenkungen bedeutet, sondern dass hier bewusst ein kurzzeitiger Verlust einkalkuliert wird, damit man langfristig seine Position verbessert. Wenn zum Beispiel eine Firma, die Bekleidung herstellt, für sechs Monate Hemden für einen Preis anbietet, der unter den Produktionskosten liegt, um einen Konkurrenten auszubooten, dann ist das Dumping. „Exportdumping" nennt man es, wenn eine Ware in dem Land, in dem sie produziert wird, deutlich teurer ist als in dem Land, in das sie eingeführt wird. Im übertragenden Sinne spricht man auch von Gehalts- oder Lohndumping bzw. allgemein Sozialdumping, wenn die Bezahlung unter ein gewisses Niveau gesenkt wird. Davon später mehr.

Man könnte nun ganz naiv fragen, was denn daran schlecht sein sollte, wenn Preise sinken und die Verbraucher durch den Wettbewerb von Firmen profitieren. Entscheidend ist hier, beim Dumping im strengeren Sinne, ob die Preissenkungen sich der Tatsache verdanken, dass billiger produziert wird oder ob bewusst Verluste für eine gewisse Zeit in Kauf genommen werden, wie hoch also der rein strategische Anteil ist. Wenn eine Firma durch preiswertere Produktionsmethoden oder effizientere Betriebsführung die Preise senken kann, dann ist das nicht unbedingt ein Problem. Dieser Versuch, über niedrigere Preise mehr Erfolg zu haben, gehört zu den wesentlichen Elementen des Wettbewerbs und trägt zur Verbesserung und Weiterentwicklung z.B. bei Produktionsmethoden bei. Natürlich gibt es auch schon auf dieser Ebene Dinge, die beachtet werden müssen, wenn wir von solidem, ökologisch und sozial verantwortbarem Wirtschaften sprechen wollen. Es kann sein, dass ein Produkt nur deshalb billiger wird, weil Löhne gesenkt worden sind oder eine umweltschädigende Produktionsweise eingesetzt wird bzw. bei der Produktion oder Lagerung Sicherheitsvorkehrungen nicht getroffen werden. Wie so oft sind die Übergänge fließend: Es gibt Formen des preiswerten Anbietens, die nicht die Kriterien des Dumping im engeren Sinne erfüllen, aber dennoch eine Ausnutzung von Marktmacht darstellen. Dumping im eigentlichen Sinne ist jedenfalls verboten und wird verfolgt, dafür gibt es auf nationaler wie internationaler Ebene entsprechende Regularien. Fälle des Exportdumpings werden von der Welthandelsorganisation (World Trade Organization, WTO) bestraft. Nach Artikel VI des Allgemeinen Zoll- und Handelsabkommens GATT ist Dumping als „Wettbewerbsverfälschung im internationalen Handel" definiert. Seit Ende der Siebzigerjahre ist die Zahl der Antidumpingverfahren weltweit drastisch gestiegen. In den Achtzigern wurden jährlich durchschnittlich 26 neue Antidumpingsanktionen von der EG verhängt; bei diesen Sanktionen handelt es sich zum einen um die Verhängung endgültiger Strafzölle und zum anderen um die Akzeptanz von „freiwilligen" Preisverpflichtungen.

Bei der Frage des Exportdumpings müssen wir allerdings im Auge behalten, dass auch wirtschaftlich schwächere Staaten mit dieser Maßnahme einen Zugang zu Märkten suchen. Sanktionen gegen Exportdumping können also gegen starke Ökonomien angestrengt werden, die starke Marktpositionen besetzen – und gegen schwache, die solche Positionen erschüttern. Mit einer allgemeinen moralischen Verurteilung sollte man sich daher zurückhalten und zunächst den Einzelfall betrachten.

Echtes Dumping setzt – wie gesagt – die Akzeptanz von eigenen Verlusten voraus. Das können sich nur wenige Marktteilnehmer wirklich leisten. Für eine solche klassische Dumping-Maßnahme, so könnte man sagen, muss man entweder sehr stark oder sehr verzweifelt sein. Eigentlich ist dem marktwirtschaftlichen Gefüge aber mit Teilnehmern aus diesen beiden Bereichen nicht gedient, da beide – die Starken wie die Verzweifelten – dazu tendieren, die Spielregeln zu missachten. Das verbreitete Auftreten von Dumping kann also ein Indiz dafür sein, dass sich Märkte nicht im Gleichgewicht befinden.

Für den Verbraucher ist sowieso zunächst schwer zu erkennen, welche Kräfte im Hintergrund agieren: Wie unterscheidet man die niedrigen Preise, die auf reele Weise zustande gekommen sind, von denen, die auf Dumping beruhen? Wie erkennt man, ob ein Monopolist andere Mitbewerber ganz aus dem Markt drängen will oder ein neuer Marktteilnehmer versucht, in einen geschlossenen Markt hineinzukommen?

Eine nicht ganz angenehme Frage ist auch: Wollen die Verbraucher überhaupt wissen, welche Waren bzw. Dienstleistungen unter Umständen produziert werden, die niedrige Preise bei erheblichen Folgekosten bedeuten? Diese Frage muss man für das Dumping im strengeren Sinne wie für das Dumping im übertragenen Sinne beantworten.

Ich komme daher zu einem Abschnitt, den ich „Der Reiz der niedrigen Preise“ überschreiben möchte. Massenkonsum ist Teil des großen Glücksversprechens, das unsere Gesellschaft bestimmt. Eine der zentralen Stärken des marktwirtschaftlichen gegenüber planwirtschaftlichen Systemen, dafür spricht zumindest die historische Erfahrung, ist die bessere Versorgung mit preiswerten Waren. Dies trägt zur Zustimmung entscheidend bei und sorgt dafür, dass Massenloyalität für das heutige Wirtschaftssystem entstanden ist. In den USA lässt sich diese Entwicklung noch viel klarer und „reiner“ verfolgen als in Europa, wo die Konsumgesellschaft nie ganz so ungehemmt andere Gesellschaftsmodelle verdrängt hat wie in Nordamerika.

Aber auch in der sogenannten „Systemkonkurrenz“ zwischen der Bundesrepublik und der DDR wurde das deutlich. Letztlich trug die Konzentration auf den Konsum dazu bei, dass die DDR am Ende zahlungsunfähig war. Immer wieder hatte man im Rahmen einer viel unproduktiveren Wirtschaft versucht, das westliche Konsumniveau „nachzubauen“, also eine Fülle von bezahlbaren Waren zur Verfügung zu stellen. Der Systemkritiker Rudolf Bahro hatte das am Beispiel der Automobilproduktion gezeigt: Mit großem Aufwand und unter Verschwendung volkswirtschaftlicher Ressourcen wurde ein kleiner Bruder des westlichen Individualverkehrssystems geschaffen, der die Bedürfnisse der DDR-Bürger doch nicht befriedigen konnte. Letzten Endes aber wurde das BRD-Modell, das neben politischen Freiheiten und Reisemöglichkeiten auch den unbegrenzten Konsum anzubieten schien, gewählt. Es war ein Sieg des „demokratischen Konsums“.

Der „Geiz ist geil“-Slogan, der vor einigen Jahren in der Werbung verwendet wurde, bringt genau diese selbstverständliche Teilhabe an der Warenwelt, den „demokratischen Konsum“, zum Ausdruck. Es geht ja hier nicht um den Geiz, der in der klassischen Morallehre gemeint ist: dass man sich und anderen nichts gönnt und keinerlei Ausgaben haben will, weil man in krankhafter Weise an seinem Geldbesitz hängt. Jener klassische Geiz hängt normalerweise mit Konsumverzicht zusammen. Beim neuen Geiz, den diese Werbung feiert, geht es gerade darum, dass man mit möglichst geringen Mitteln möglichst viel konsumieren können soll. Beim einzelnen Produkt wird gespart, aber in der Gesamtheit dennoch viel ausgegeben. Das, was wir unter nachhaltigem

Konsum fassen können – nämlich das lange Benutzen hochwertiger Waren mit geringem Verschleiß – stellt gerade das Gegenteil davon dar.

Ich denke, dass wir das Dumpingphänomen und seine negativen Auswirkungen besser verstehen können, wenn wir es mit eben diesem Problem der Nachhaltigkeit in Beziehung setzen. Nachhaltigkeit bezeichnet eine Strategie des Umgangs mit (meist ökologischen) Systemen, die sich selbst regenerieren können. Selbstregenerative Systeme, in denen bestimmte Bestandteile beständig nachwachsen bzw. neu entstehen, sollen nur in dem Maße bewirtschaftet werden, dass die Regeneration nicht gefährdet wird. Solche Konzeptionen der Bewirtschaftung wurden erstmals systematisch in der Forstwirtschaft entwickelt.

Diese Nachhaltigkeit, die in den Blick kommen muss, wenn wir über alternative Formen des Wirtschaftens diskutieren, wird aber im öffentlichen Kalkül und bei der Masse der Kauf- bzw. vorher Produktionsentscheidungen nicht beachtet. Das wird noch dadurch verstärkt, dass das Wissen über wirtschaftliche Zusammenhänge in vielen Ländern, so auch in Deutschland, sehr ungenügend ist.

Experten für ökonomische Bildung weisen immer wieder darauf hin, dass die ökonomischen Kenntnisse dürftig sind. Höchstens 10 Prozent der Deutschen verstünden die Finanzkrise in ihren Grundzügen, schätzt der Leiter des Instituts für Ökonomische Bildung, Hans Kaminski. Die Vermutung liegt nahe, dass das mit einer ungenügenden Behandlung der entsprechenden Themen in der Schule sowie einer niveaulosen öffentlichen Diskussion zusammenhängt. Es wäre zu prüfen, ob Lehrer und Journalisten in wirtschaftsdidaktischer Hinsicht ihren Pflichten gerecht werden können. Vieles deutet darauf hin, dass das nicht der Fall ist. Auch ich habe seinerzeit als Schüler eines Gymnasiums in Nordbaden viel über den Zitronensäurezyklus und die binomischen Formeln gelernt, aber von der Notwendigkeit einer Steuerklärung, der doppelten Buchführung oder Handelsorganisationen habe ich erst lange nach dem Abitur erfahren. (Besonders im Fall der Steuererklärung kann man hier sagen, dass die Schule konsequent am Leben vorbeierzogen hat.) Und das scheint mehrheitlich immer noch so zu sein. Dabei gibt es bei den Schülern ein großes Interesse. So zeigt die Jugendstudie des Bundesverbandes deutscher Banken vom vergangenen Jahr [2009], dass sich 74 Prozent ein eigenständiges Fach „Wirtschaft" wünschen. Andererseits sind die Wissenslücken groß. So können vier von zehn Befragten im Alter von 14 bis 24 Jahren mit dem Begriff „Soziale Marktwirtschaft" nichts anfangen.

Interessant ist dabei, dass die Haltung, die Menschen gegenüber der Marktwirtschaft einnehmen, stark von ihren Kenntnissen über diese Wirtschaftsform abhängen. Wirtschaftlich gebildete Menschen schätzen die Marktwirtschaft wesentlich positiver ein als ungebildete. Auch in der Extremismusforschung deutet sich ein solcher Zusammenhang an: je weniger Wissen über wirtschaftliche Zusammenhänge vorhanden ist, desto größer ist die Gefahr, dass man den einfachen Formeln der Rattenfänger von links oder rechts folgt. Besonders fatal scheint mir, dass mit fehlendem Wissen eine Schwarzweiß-Welt der manichäischen Gegensätze entsteht, ein Weltbild, für das wir Deutsche traditionell eine Neigung entwickeln. Es gibt dann nicht mehr nur Vor- oder Nachteile von Wirtschaftssystemen, sondern apokalyptische Szenarien von verschiedenen Seiten, die nach ganz neuen Lebensweisen, am besten einem „Systemwechsel" rufen. Das macht sich im Feuilleton und bei den Berufsempörten gut, trägt aber wenig zur konkreten Verbesserung von Lebensumständen oder Wirtschaftsformen bei.

Zurück zur ungenügenden ökonomischen Bildung: Die weit verbreiteten ökonomischen Wissenslücken rühren womöglich zum einen daher, dass Wirtschaft noch zu wenig intensiv in den Schulen gelehrt wird. Häufig ist Wirtschaftslehre nur ein Wahlfach. Auch wird sie oft an andere Fächer wie Politik oder Recht gekoppelt. Ein anderes Übel ist, dass in deutschen Schulbüchern wirtschaftliche Themen oft lückenhaft und ideologisch einseitig behandelt werden. So hat gerade die Friedrich-Naumann-Stiftung 52 neuere Schulbücher auf die Qualität ihrer wirtschaftlichen Inhalte hin untersuchen lassen. Nicht zu beanstanden ist nach der Analyse der Umfang, den Wirtschaftsthemen einnehmen. So ist sogar in den untersuchten Geographiebüchern ein Viertel des Stoffes dem Thema Wirtschaft gewidmet, in den Geschichtsbüchern ist es ein Fünftel und in Politik- und Sozialkundebüchern ein Drittel.

Was der Studienautor und Volkswirt von der Universität Erfurt, Justus Lenz, bemängelt, ist, dass vor allem in Erdkunde- aber auch in Geschichtsbüchern die Marktwirtschaft oft „bedauernswert einseitig, marktkritisch gefärbt und oft unsachlich emotionalisierend" dargestellt werde. Auch hat Lenz viele sachliche Fehler ausgemacht. Gelungen ist nach seinem Befund die Darstellung wirtschaftlicher Themen nur in den Wirtschaftskundebüchern. In den Geographiebüchern musste Lenz jedoch lesen, dass Wirtschaft immer ein „Nullsummenspiel" ist. Das würde bedeuten, dass jemand wirtschaftlich nur etwas hinzugewinnen kann, wenn andere entsprechend viel verlieren. Das entspricht den Realitäten in dynamischen Wirtschaftssystemen überhaupt nicht und könnte zum Beispiel die Entwicklung der Bundesrepublik nicht annähernd beschreiben.

Das Georg-Eckert-Institut für internationale Schulbuchforschung hat vor wenigen Jahren Wirtschaftsthemen in Geschichts- und Gemeinschaftskundebüchern daraufhin untersucht, welches Staatsverständnis sie vermitteln. Dabei wurden zum Vergleich auch englische Schulbücher geprüft. Eine wichtige Erkenntnis war, dass in englischen Büchern die Freiheit des Einzelnen betont wird; deutsche Schulbücher stellten dagegen den Sozialstaat in den Vordergrund. Abwägungen zwischen ökonomischer Freiheit und sozialer Sicherung wurden hierzulande meist zugunsten des Wohlfahrtsstaates entschieden. „Die Generierung von Wohlstand geht weniger von den einzelnen Unternehmern beziehungsweise der freien Wirtschaft als vom Staat aus, der die wirtschaftlichen Rahmenbedingungen schafft", haben die Forscher in den Büchern gelesen.

Diese Mischung aus Ideologie und ungenügender Information, die bei zwei meinungsbildenden Gruppen, nämlich Lehrern und Journalisten, oft anzutreffen ist, führt in der Regel zu einem mürrischen Desinteresse, das zwar die Vorteile des Wirtschaftssystems akzeptiert wenn bei günstiger ökonomischer Lage „alles glatt geht", bei geringsten Schwierigkeiten aber, womöglich persönlichen Einbußen, wird die antikapitalistische und staatsfromme Melodie wieder lauter. Mit Einzelheiten der Preisbildung oder dem Verhältnis zwischen Angebot und Nachfrage beschäftigt man sich lieber nicht, da man ja glaubt, alles grundsätzlich in Frage stellen zu können.

Es ist dann nicht erstaunlich, dass die Konsumenten wirtschaftliche Prozesse nicht richtig einschätzen können, die im Endeffekt niedrige Preise oder niedrige Löhne verursachen. Sie scheren gewöhnlich alle Ergebnisse über einen Kamm und nehmen zum Beispiel an, dass der niedrige Stundenlohn, den eine Friseurin in Stralsund bekommt, aus den gleichen Gründen niedrig ist wie die Bezahlung für Angestellte einer Leiharbeitsfirma am Frankfurter Flughafen. Oder dass der niedrige Preis, den ich für ein Gerät aus China zahle aus den gleichen Gründen niedrig ist wie der für einen Apfel von den Streuobstwiesen in Württemberg.

Wenn wir nämlich diese Preis- und Lohnbildungsprozesse ansehen, dann kommen wir für die entwickelten Industriestaaten zu interessanten Ergebnissen, von denen ich Ihnen eines kurz skizzieren möchte, das man als „Konflikt der Utopien" bezeichnen könnte. Neben dem Glücksversprechen durch leicht erreichbaren und finanzierbaren Massenkonsum hält der

Kapitalismus nämlich auch ein weiteres Versprechen parat, das wesentlich zu seiner Akzeptanz beiträgt: Es handelt sich um das Versprechen, dass jeder oder jede weiterkommen kann und Erfolg haben kann. Jeder Bürger, jede Bürgerin soll die gleichen Möglichkeiten haben, durch harte Arbeit und regelgerechtes Verhalten Vermögen aufzubauen, sich weiterzuentwickeln und auf der gesellschaftlichen Stufenleiter einen Platz zu erreichen, der ihm oder ihr vorschwebt. „Work hard and play by the rules" lautet der klassische amerikanische Ausdruck dafür. Wir sollten uns vor Augen halten, dass sich preiswerter Massenkonsum und soziales Aufstiegsversprechen aber in einigen Bereichen konterkarieren: Wer im Niedriglohnbereich bei zum Teil großem Leistungsdruck ein Einkommen bezieht, das womöglich sogar nur durch staatliche Aufstockungen zum Leben reicht, der wird es schwer haben, soziale Aufstiegschancen zu nutzen und solche Hoffnungen zu hegen.

Das entspricht den Ergebnissen der letzten Shell-Jugendstudie, nach der bei den Jugendlichen zwar insgesamt der Optimismus wächst und die Leistungsbereitschaft sowie das Engagement für die Gesellschaft zunimmt – immerhin blicken 59% der 14- bis 25-Jährigen optimistisch in die Zukunft, während es vor einem Jahr nur 50% waren... Aber bei den Jugendlichen aus der Unterschicht verringert sich dieser Optimismus. Hier sind es jetzt gerade mal 22%, die für sich Chancen sehen, im Vergleich zu 30% bei der letzten Befragung. Im unteren Einkommensbereich, für den Lohndumping eben eine Rolle spielt, werden Aufstiegshoffnungen, welche beispielsweise in der alten Arbeiterbewegung und für die klassische Sozialdemokratie eine entscheidende Rolle spielten, auch nicht mehr an die Kinder weitergegeben. „Meinen Kindern soll es mal besser gehen" – dieser Kernsatz dynamischer Gesellschaften, die eine Zukunft haben, spricht sich im Ghetto der Niedriglöhne schwer aus. So reproduzieren sich die „working poor" selbst, was durch die Einwanderung Geringqualifizierter noch verstärkt wird. Dafür ist aber dann auch für niedrige Einkommen ein Konsumniveau möglich, das weltweit und geschichtlich einmalig ist.

Um diesen Konflikt zwischen demokratischem Massenkonsum und fehlender Aufstiegshoffnung in den Details verstehen zu können, muss man aber eben über Informationen verfügen – und daran hapert es in der Schule wie in der öffentlichen Darstellung in den Medien, wo zwar gerne und viel moralisiert wird, aber wenig informiert.

Dabei wäre es doch sehr wichtig, sich darüber zu informieren, wie beispielsweise der Preiskampf der Lebensmitteldiscounter funktioniert. Dieser Themenbereich ist auch deshalb interessant, weil wir in Deutschland relativ niedrige Lebensmittelpreise haben, in einigen Bereichen sogar mit fallender Tendenz. Wenn man die Einkaufsbudgets der Konsumenten in verschiedenen europäischen Ländern vergleicht, dann wird man feststellen, dass der Anteil, der für Lebensmittel in Deutschland ausgegeben wird, recht niedrig ist. Die Slow-Food-Bewegung versucht schon seit Jahren den Zusammenhang zwischen niedrigen Preisen und schlechter Nahrung zu vermitteln. Dies bezieht sich auf die Produktionsbedingungen und die Vertriebswege – im Folgenden soll mehr von den Arbeitsbedingungen die Rede sein...

In der aktuellen Situation macht vor allem ein Discounter von sich reden, der die Branchenführer ALDI und Lidl attackiert. Um bei diesem Kampf einen Kostenvorteil zu haben, spart man in den Filialen an vielem. Es kommt dann beispielsweise vor, dass jede zweite Lampe ausgeschaltet werden muss oder die Glühbirnen herausgedreht, damit Strom gespart wird. Jeder Mitarbeiter bzw. jede Mitarbeiterin erhält genau zwei T-Shirts als Berufsbekleidung, so dass man sich im Grund in punkto Arbeitskleidung selbst um alles kümmern muss. Verzichtserklärungen bezüglich der Überstunden werden unter sanftem Druck unterschrieben, die Personalführung gilt als aggressiv und sehr fordernd. Von der Gewerkschaft verdi hört man, dass man sich dort mit dem Mitarbeiterdrill auch juristisch auseinandersetzen will. In der Presse (zum Beispiel der „Wirtschaftswoche" vom 6.9.2010) ist von der Aufforderung an einzelne Filialleiter zu lesen, eine Liste mit den schlechtesten Mitarbeitern einzureichen und gleich auch Vorschläge für deren Versetzung zu machen...

Solche Fälle von ‚Sozialdumping' sind nicht selten und das Entstehen des Niedriglohnsektors bzw. einer Gruppe von „working poor" spricht für sich. Dafür sind sicherlich verschiedene Faktoren verantwortlich, beispielsweise auch die mangelnde Ausbildung von Menschen für die richtigen Berufsfelder. Es ist eine Absurdität, dass in Deutschland viele zehntausend Ingenieure in den unterschiedlichsten Bereichen fehlen – Stellen, die unbesetzt sind oder unterbesetzt bleiben, obwohl sie entsprechend qualifizierten Angestellten alles andere als Niedriglöhne bringen würden. Und so gibt es noch mehrere Seltsamkeiten.

Ein entscheidender Faktor ist natürlich auch, dass Unternehmen, die Lohndumping betreiben, von den Käufern ihrer Produkte nicht abgestraft werden. Diese wissen ja oft nicht, woran es liegt (oder wollen es gar nicht wissen), dass sie gerade so günstig eingekauft haben. Daher ist Verbraucherinformation von großer Bedeutung und diese Notwendigkeit drückt sich beispielsweise im „Leitbild des informierten Verbrauchers" aus, das die deutsche Verbraucherpolitik als Reaktion auf die BSE-Diskussion im Jahre 2001 entwickelt hat. An das Leitbild wurde anlässlich der Dioxin-Debatten 2010/2011 immer wieder erinnert und es hat sich dabei gezeigt, dass noch mehr Verbindlichkeit und Nachprüfbarkeit wichtig wäre. Dieses Leitbild steht im Einklang mit der europäischen Verbraucherpolitik. Die verbraucherpolitische Strategie der EU, die in einem Programm für die Jahre 2007-2013 formuliert wurde, macht die „Stärkung des Verbrauchers" zu einem Hauptziel. Beispielsweise möchte die EU-Verbraucherpolitik die Verbraucher „befähigen, ökologisch nachhaltige Entscheidungen zu treffen".

Untersuchungen zeigen allerdings, dass sehr viel Information notwendig ist, um die Bevölkerung dazu zu bringen, ihre Kaufentscheidungen entsprechend auszurichten. Und ein Bevölkerungsanteil von 20-30% ist – wie verschiedene Untersuchungen zeigen – für jede Maßnahme unempfindlich. Der Markt allein, vermittelt über die richtige, ‚ethisch korrekte' Nachfrage, wird es also nicht richten können. Es bleibt die Notwendigkeit staatlicher Maßnahmen, die bestimmte Standards im Preis- und Lohnbereich unterstützen und (vielleicht noch wichtiger) die Monopolbildung auf bestimmten Märkten schon im Ansatz verhindern. Denn Monopole können nicht nur – wie die klassische Lehre sagt – zu Preissteigerungen und entsprechenden Kartellabsprachen führen, sondern auch zu Dumpingphänomenen.

Wenn Dumpingmaßnahmen von Quasi-Monopolisten ergriffen werden, die dadurch ihre Markposition sichern, dann entsteht eine gefährliche Machtstabilierungsspirale: Nur ein starker Marktteilnehmer kann sich die Maßnahmen leisten, die schwächere Konkurrenten noch mehr schwächen. Unter anderem aus diesem Grund sind in einer marktwirtschaftlichen Ordnung Institutionen vorgesehen, die jedes Dumping beobachten und im Notfall sogar einzelne Maßnahmen verbieten bzw. die Schuldigen bestrafen. Genauso wichtig ist die Beobachtung von Monopolen, die in letzter Zeit glücklicherweise an Bedeutung gewonnen hat. Der Vorsitzende der Monopolkommission, Prof. Dr. Justus Haucap, scheint Initiativen ergreifen zu wollen; man wird sehen, ob er sich nicht dem Druck diverser Lobbys beugen muss. So wichtig die kritische Begleitung der Dumping- und Monopolpolitik „von außen", also zum Beispiel durch NGOs oder unabhängige Wissenschaftsorganisationen wie das IPPh ist, so wichtig ist doch auch, dass „im Apparat" nichtopportunistische Stimmen gestärkt werden. Antimonopolistische Politik ist nämlich keine antikapitalistische Systemkritik, sondern vielmehr durch und durch marktwirtschaftlich, geradezu eine Voraussetzung für das Funktionieren der Marktwirtschaft. Deswegen haben die Neoliberalen der „Freiburger Schule" auch immer wieder betont, dass ein marktwirtschaftliches System nicht nur Regeln, sondern auch durchsetzungsfähige „Schiedsrichter" benötigt. Wenn man die verschiedenen Dumping-Phänomene im Blick behalten möchte, dann ist die Beobachtung der Regelbefolgung und der Schiedsrichter von Bedeutung.

Zum Abschluss möchte ich meine Ergebnisse zum Thema „Dumping" kurz in Thesen zusammenfassen:

1. Kompetente Verbraucher durchschauen gefährliches Dumping und ändern ihr Kaufverhalten wenn dieses mit ökologischen oder sozialen Schäden verbunden ist.
2. Erziehungs- und Bildungsmaßnahmen, die zu mehr Wirtschaftskompetenz führen, sind daher geboten.
3. Ganz gleich, ob man die marktwirtschaftliche Ordnung für ein zukunftsfähiges Modell hält oder nicht – ein aktiverer und informierter Verbraucher ist in jeder vorstellbaren Wirtschaftsordnung die Voraussetzung für gute Formen des solidarischen und ökologischen Wirtschaftens. Ohne Bildung keine Nachhaltigkeit!
4. Das globale Versprechen des Massenkonsums wird Dumpingmaßnahmen aber immer wieder wahrscheinlich machen.
5. Monopole und Quasi-Monopole erhöhen die Gefahr von Preis- und Lohn-Dumping im engeren wie im übertragenen Sinne.
6. Praktische Wirtschaftsphilosophie hätte die Aufgabe, auf die Bildungsnotwendigkeiten hinzuweisen, auf die negativen Folgen der Konsumorientierung sowie auf die Monopolgefahr.

Alternativen

Elmar Altvater

Giftige Gaben, treue Genossen, das gute Leben und der Sozialismus des 21. Jahrhunderts

Genossenschaften, so UN-Generalsekretär Ban Ki Moon mit Bezug auf das „Genossenschaftsjahr" 2012, erinnerten die internationale Gemeinschaft daran, dass ökonomische Effizienz und soziale Verantwortlichkeit zugleich verfolgt werden können (http://social.un.org/coopsyear/). Das ist eine Variation seines Lobliedes auf den „global compact", dessen Prinzipien der „corporate social responsibility" und des Profitmachens „zwei Seiten der gleichen Medaille" seien. Wachstum könne, so will es Ban Ki Moon, „nachhaltig" sein und „Profit auch sozialen Fortschritt bringen" (aus der Rede zur Eröffnung des Leaders Summit des UN Global Compact am 24. Juni 2010 in New York). Da kann man hoffnungsfroh darüber hinwegsehen, dass es die freien Märkte mit Shareholdervalue-Kapitalismus, monströsen Finanzinstituten und bonussüchtigen, gierigen „Leistungsträgern" auf den Spitzenplätzen der wirtschaftlichen und politischen Elitenpyramide geschafft haben, den Kapitalismus an den Rand des Zusammenbruchs zu manövrieren, in eine zerstörerische Finanz-, Staatsschulden- und Währungskrise. Mehr noch: die Bestände fossiler Energieträger gehen zur Neige, der Klimakollaps droht und der Hunger, ein steter Begleiter der Menschen, dem die UNO mit den „Millenniumszielen" im 21. Jahrhundert den Kampf angesagt hatte, kehrt zurück. Die systemischen Voraussetzungen der kapitalistischen Produktionsweise, das sind die natürlichen Ressourcen oder die Einrichtungen des Sozialstaats, werden von eben diesem Kapitalismus vernichtet.

Klaus Schwab, der Chef des Weltwirtschaftsforums in Davos, kann nicht umhin festzustellen, „das kapitalistische System passt nicht mehr in die Welt" (Financial Times Deutschland, 26. Januar 2012) und setzt so den Diskurs der Verunsicherung fort, den Konservative wie Charles Moore oder Frank Schirrmacher in ihrer Ratlosigkeit angesichts der schweren Krise des Kapitalismus mit der Frage ausgelöst hatten, ob die Linke mit ihrer Gesellschaftskritik nicht vielleicht doch Recht habe (Frank Schirrmacher in der FAZ vom 15.8 und vom 1.11.2011), nachdem „Newsweek" bereits am 6. Februar 2009 resigniert festgestellt hat „We Are All Socialists Now". Denn der Staat war es, der die Banken vor sich selbst retten musste. In dieser Katerstimmung also entsinnt sich die UNO der Genossenschaften, die als eine „moralische" Ökonomie (E.P. Thompson 1980) die kapitalistische Erwerbsgesellschaft mit dem Versprechen eines wenn schon nicht „guten", so doch „besseren" Kapitalismus begleitet haben und nun von den zweifelnden Protagonisten des Systems als eine Alternative zum gründlich diskreditierten Kapitalismus der verrückt spielenden Finanzmärkte wahrgenommen werden.

Sicherlich kann man Klaus Schwabs Feststelllung auch anders interpretieren, man solle die Welt an die kapitalistischen Erfordernisse anpassen, wenn der Kapitalismus nicht mehr in die Welt passt. Dann könnte das Ideal des „guten Lebens" weder in seiner klassischen europäischen Ausprägung seit Aristoteles noch in der modernen Form, die sich indigenen Traditionen aus dem andinen Raum verdankt, erreicht werden.

Giftige Gaben

Doch diese Wertung ist in Politik, Wissenschaft und Medienwelt keineswegs Konsens. Zum Jahresausklang 2011 publizierte das „Handelsblatt" ein mehrseitiges Interview mit Peter Sloterdijk, der sich darin ausführlich über Schuld und Schulden, über den Steuerstaat und dessen Zumutungen und dann auch (wie schon mehrfach zuvor in der FAZ (http://www.petersloterdijk.net) über die Bedeutung der „Gabe" für den Zusammenhalt von Gesellschaften ausgelassen hat (Handelsblatt, 17.12.2011). Er berief sich auf den französischen Ethnologen Marcel Mauss (1878-1950), der die Gabe als ein gesellschaftliches Bindemittel gesehen hatte, durch das wechselseitige Verpflichtungen entstehen, ohne dass es des Austausches auf dem Markt bedürfe und ohne dass ein Staat Steuern zur Finanzierung der Staatsausgaben erhebe und so die freiwillige Gabe in eine erzwungene Abgabe verwandle.

Marcel Mauss war ein empirisch arbeitender Ethnologe und hatte, als er über die Gabe schrieb („Le don"), „archaische" Gesellschaften im Blick und keine modernen kapitalistischen Marktwirtschaften mit einem regulierenden und daher auf Steuern der Bürger angewiesenen Staat. Die Gabe sei die Alternative zur „konfiskatorischen Besteuerung" meint jedoch Sloterdijk; letztere sei eine „psychopolitische" Zumutung, weil die Steuerbürgerinnen ihrer Autonomie bei der Entscheidung über das individuell Verdiente beraubt würden. Die öffentlichen Finanzen sollten als eine „Ehrenangelegenheit" behandelt werden. Die Gabe in archaischen Gesellschaften wird von Sloterdijk daher zugleich als zeitloses Prinzip der Vergesellschaftung durch Leistung und Gegenleistung, durch Gabe und Gegengabe und als zeitgebundene, moderne Alternative zum tradierten Sozialstaat in Stellung gebracht. Der Rekurs auf die Gabe in archaischen Gesellschaften soll in der Krise des modernen Kapitalismus Legitimation für einen extremen, antisozialen Individualismus verschaffen, eine Begründung für die Verkrüppelung des Staates liefern, für die Privatisierung des Öffentlichen, kurz: Marcel Mauss wird von Sloterdijk für eine im Kern neoliberale Agenda zu vereinnahmen versucht. Dafür würde sich der Sozialist Marcel Mauss, für den der Sozialismus nur als „ein soziales Totalphänomen" vorstellbar war und der ein Freund und Vertrauter von Jean Jaurès gewesen ist, bedanken.

In archaischen Gesellschaften basieren wechselseitige Gaben auf dichten Beziehungen, sind also nur in engen Räumen möglich, die geographisch wie in der pazifischen Inselwelt große Weiten annehmen können. In einer globalisierten Weltgesellschaft, wo alle Standards global sind, können sie nicht gedeihen. Der Gabe muss in überschaubaren Abständen von Zeit und Raum eine Gegengabe folgen, das verlangt das Reziprozitätsprinzip. Dies muss auf transparente Weise nachvollziehbar, und die Gegengabe muss der jeweiligen Leistungsfähigkeit angemessen sein. Moderne Gesellschaften sind jedoch vor allem durch Marktbeziehungen gekennzeichnet. Sie gehorchen nicht dem Prinzip der Reziprozität, sondern dem der Äquivalenz. Gabe und Gegengabe passen nicht in die Gesellschaftsform der Produktion und Zirkulation von Waren, zumal sich das Geld – die gegenwärtige Finanzkrise zeigt es schlagend – gegenüber der Warenwelt und den gesellschaftlichen Beziehungen verselbständigt. Sloterdijks Erwartung, der Austausch könne unter Bedingungen von Ausbeutung und Herrschaft als „Ehrenangelegenheit" und in „Vornehmheit" geregelt werden, ergibt sich nicht aus analytischem Verstand oder kritischem Impuls, gründet nicht auf empirisch kenntnisreichem Realismus, sondern auf ideologischer Voreingenommenheit, die ohne weitere intellektuell überzeugende Begründung als allgemeine Norm gesetzt wird.

Das „dritte", das produktive und wettbewerbsfähige Italien neben dem schwach entwickelten Mezzogiorno und den großen Statsunternehmen wird als ein soziologisches Exempel dafür genutzt, dass produktive Netzwerke mit Beziehungen der Reziprozität sozusagen einen Sockel unterhalb der marktwirtschaftlichen Äquivalenzbeziehungen bilden. Die Netzwerke sind stabiler als reine Markt- und Geldbeziehungen, da sie auch Freundschaften zulassen, und sie sind flexibel, da nicht alles explizit vertraglich geregelt werden muss; eine Verabredung bei einem guten Abendessen hat ebenso starke

Bindungskraft wie ein notariell besiegelter Vertrag. Kleine Geschenke erhalten die Freundschaft (vgl. dazu Mahnkopf 1994). So entsteht das von dem US-Soziologen Robert D. Putnam (2001) als Bedingung für Wirtschaftserfolg identifizierte „Sozialkapital". Reziprozität, das Schenken oder Geben sind also in bestimmten historischen Konstellationen ein gesegnetes Unterfangen der ökonomischen Effizienzverbesserung, in anderen ein kriminogener Akt. Und es entstehen Abhängigkeiten.

Der österreichisch-ungarische Wirtschaftshistoriker Karl Polanyi hat die Bedeutung der Gabe und reziproker Wirtschaftsbeziehungen in vorkapitalistischen bzw. vor-marktwirtschaftlichen Zeiten in ein größeres Spektrum von Wirtschaftstypen eingeordnet. Selbst-genügsame, autarke Subsistenzökonomie betreibende Haushalte hat es immer gegeben, und sie gibt es heute und wohl auch in Zukunft. Polanyi kennt daher nicht nur die Gabe und die daraus resultierenden reziproken Verpflichtungen in der archaischen Gesellschaft. Es gibt auch das Prinzip der Redistribrution, der machtvollen Umverteilung durch eine zentrale Staatlichkeit. Dabei kann es sich um einen vormodernen Zentralismus handeln, der aber auch in modernen Zeiten nicht verschwunden sein muss. Die geplante Wirtschaft im real existierenden Sozialismus ist ebenso historischer Beleg wie die Planification im kapitalistischen Frankreich der Nachkriegszeit oder im planenden Entwicklungsstaat Lateinamerikas bis zum Ausbruch der Schuldenkrise Anfang der 1980er Jahre. Auch für den Sozialismus des 21. Jahrhunderts werden Modelle eines redistribuierenden Zentralismus, sogar mit globaler Reichweite, vorgeschlagen (Dieterich 1996, Cockshott/Cotrell 2006; Dunkhase/Feuerstein 2006). So wie der Marktmechanismus der „perfect competition" dezentral getroffene Entscheidungen zum gesamtgesellschaftlichen Optimum koordiniert, wird der sozialistische Plan durch eine „perfect computation" zustandegebracht. „Perfect competition" des Marktes und „perfect computation" der Planwirtschaft sind sich sehr ähnlich; es müssen Millionen von Entscheidungen koordiniert werden. Gegen die Planung als Koordinationsmechanismus wird ein zentrales Argument, das von F.A. von Hayek stammt, vorgebracht: Märkte sind ein Entdeckungsverfahren von Innovationen, und Planwirtschaften scheitern am Mangel verlässlicher Informationen. Das ist ein ernst zu nehmender Einwand, so lange bei der Koordinierungsaufgabe natürliche und soziale Restriktionen nicht berücksichtigt werden müssen.

Märkte aber haben sich, ganz besonders gilt dies für Finanzmärkte, aus natürlichen Begrenzungen und gesellschaftlichen Bindungen herausgelöst (dazu Altvater 2006, vor allem 3. Kapitel und Altvater/Mahnkopf 2004,

2. und 3. Kapitel) und drängen sich fetischhaft verselbständigt als ein externer Sachzwang Gesellschaft, Ökonomie und Politik auf. Dessen Regeln können die Menschen als „*homines oeconomici*" rational deuten und befolgen. Das verlangen die neoliberalen Theorien und deren akademische und politische Repräsentanten. Als konkrete Menschen, als gesellschaftliche Wesen, als Griechen oder Spanier, als Deutsche und Österreicher hingegen sind sie nicht nur *homines oeconomici*, sondern leidende und mitleidende Menschen aus Fleisch und Blut. Daher sind politische Begrenzungen der Marktfreiheiten für das menschliche Wohlergehen unabdingbar. Dies ist es, was heute sozialen Bewegungen wie Gewerkschaften oder Attac soziale und politische Bedeutung und Attraktivität verleiht. Im modernen Kapitalismus ist es unabdingbar, gemeinschaftliche Güter, öffentliche Güter, die Allmende gegen die Privatisierung und Individualisierung in Gestalt der „Gabe" zu verteidigen. Die ungeschriebenen Gesetze in archaischen Gesellschaften mit engen Beziehungen der Blutsverwandtschaft gibt es im globalisierten Kapitalismus mit Jumbo-Jet und Internet nicht. Die Gaben, die da ausgetauscht werden, sind giftig. Es sind Gaben zu Lasten Dritter. Manchmal wird gegeben und das reziproke Versprechen des oder der Nehmenden ist ein dankbares „Vergelt's Gott!". Die gesellschaftliche Reziprozität wird in eine Glaubensangelegenheit verhimmelt und auf diese Weise listig ausgehebelt.

Treue Genossen

Die Polanyi'sche Typologie von Wirtschaften beschränkt sich auf die Regulation von Zirkulation und Verteilung des bereits Produzierten, im Zentrum der Betrachtung steht also die Zirkulationssphäre. Die Erinnerung der UNO an die jahrhundertelange und globale Tradition von genossenschaftlichen Wirtschaftsformen reicht über Zirkulation und Verteilung hinaus zur Art und Weise des Produzierens und Konsumierens. Diese kann privat und kapitalbasiert in den Rechtsformen des Einzelunternehmens, der Personen- oder Kapitalgesellschaft erfolgen oder kollektiv in der Form der Genossenschaft und anderen gemeinwirtschaftlichen und wirtschaftsdemokratischen Formen organisiert werden. Das heißt nicht, dass in Genossenschaften anders als in ordinären kapitalistischen Unternehmen die Arbeit das Wirtschaften bestimmen würde. Die Gesellschaft verändert sich nicht schon dadurch, dass einzelne Betriebe als Non-profit-Einrichtungen genossenschaftlich geführt werden. Dennoch repräsentieren Genossenschaften, also Kollektive der Arbeit, die „moral economy" gegen die kapitalistische Hauptströmung von Profitmaximierung und Ausbeutung, gegen die schnöde „Moral des Erwerbs", die Marx in seinen „Philosophisch-ökonomischen Manuskripten" (MEW, Ergänzungsband I: 551) kritisierte. Auch in vorkapitalistischen Zeiten ist die Gegensätzlichkeit von Erwerbsmoral und Wirtschaftsmoral ein Thema, z. B. in der aristotelischen Unterscheidung von Ökonomik, in der es um Bedürfnisbefriedigung geht und wo daher die Wirtschaft Maß und Grenze an den immer endlichen menschlichen Bedürfnissen findet, und Chrematistik, einer „Erwerbskunst", die grenzenlos ist, weil Geld im Prinzip unendlich – und aus allen gesellschaftlichen und natürlichen Bedingungen herausgelöst – akkumuliert werden kann. Karl Polanyi hat die Vorherrschaft der „Moral des Erwerbs" als Entbettung der Marktwirtschaft aus der Gesellschaft gedeutet (Polanyi 1978). Die „Moralisierung der Ökonomie" wäre dann ein Wiedereinbetten der Ökonomie in die Gesellschaft.

Dies ist gerade im Kontext der schweren Wirtschafts- und Finanzkrise seit 2007 vielfach gefordert worden. Immer ging es um politische Interventionen des Staates in die Ökonomie, nicht zur Vermeidung sondern zur Moderation der Krise durch „Abwrackprämie", Bankenrettungsschirm oder Europäischen Stabilitätsmechanismus zur Abwendung einer drohenden Staatspleite. Die Erhaltung und Errichtung von öffentlichen Gütern, wirtschaftsdemokratische Formen der Partizipation oder die Bildung von Genossenschaften als eine Form (auch Rechtsform) der Reorganisation der an der „Moral des Erwerbs" krankenden und in die tiefe Krise geratenen kapitalistischen Ökonomie und Gesellschaft sind Schritte über die Moral des Erwerbs hinaus zu einer anderen Moral, zu der des „guten Lebens".

Genossenschaften haben tief in der jeweiligen Gesellschaftsgeschichte verwurzelte Traditionen. Sie haben selbst im und mit dem Kapitalismus einen Aufschwung erlebt. Sie zeigen, dass auch in der kapitalistischen Gesellschaft anders, nicht individualistisch und privat, sondern gemeinschaftlich und genossenschaftlich, „eingebettet in die Gesellschaft" gewirtschaftet werden kann – und unter bestimmten Bedingungen auch gewirtschaftet werden muss.

Denn oft sind Genossenschaften „Kinder der Not", die organisierte kollektive Selbsthilfe gegen Hunger, Arbeitslosigkeit, Verlust der Arbeits- und der Menschenwürde. Willy Brandt schreibt in seinem auch heute lesenswerten „Bericht aus Deutschland" von 1946: „Als wir noch reich waren, wollten wir keine Sozialisten sein. Jetzt, wo wir arm geworden sind, sind wir gezwungen, es zu werden" (Brandt 2008: 307). Der kapitalistische Individualismus ist nur dann konstruktiv und produktiv, wenn die äußeren gesellschaftlichen Bedingungen ihn stützen. Die kapitalistische Tragik ist darin zu erblicken, dass gerade diese äußeren Bedingungen, das sind die gesellschaftlichen Voraussetzungen der privaten Akkumulation von Kapital, in der Krise, zumal in der Finanzkrise, zerstört werden – durch die Privatisierung öffentlicher Güter, im Zuge der Akkumulation durch Enteignung (Harvey 2003), als eine Folge der Entbettung von Geld und Kapital aus gesellschaftlichen und natürlichen Restriktionen.

Nicht selten werden Genossenschaften aus dem Geist der Rebellion geboren. Die moralische Ökonomie entsteht daher immer wieder neu als Verteidigung der Würde von „Indignados", von erniedrigten, überausgebeuteten und daher empörten und aufmüpfigen, von ungerecht behandelten, manchmal verzweifelten Menschen. Genossenschaften sind folglich Experimentierfelder für gesellschaftliche Alternativen. Diese sind keineswegs immer und überall dieselben. Was möglich ist und utopisch entworfen werden kann, hängt von vielem ab: von den Erfahrungen aus der Vergangenheit, den Erwartungen in der Zukunft, von der theoretischen und historischen Reife der Bewegungen. Die deutschen Genossenschaften, die italienischen Kooperativen, das „gute Leben" („buen vivir") indianischer Gemeinschaften in Lateinamerika heute oder das Artel (eine zumeist handwerkliche Genossenschaft) im vorrevolutionären Russland unterscheiden sich, und daher ist der weitere, also nicht eng definierte Begriff der „solidarischen Ökonomie" (vgl. z. B. Altvater/Sekler 2006; Giegold/Embshoff 2008) möglicherweise der angemessenere, um die Vielfalt des genossenschaftlichen und gemeinschaftlichen Wirtschaftens erfassen zu können.

Die von der UNO zum Jahr der Genossenschaft publizierten Zahlen jedenfalls sind beeindruckend und sie sprechen für sich: 800 Millionen Menschen in etwa 100 Ländern sind Genossinnen und Genossen in ländlichen und gewerblichen, in Wohnungsbau- und Kreditgenossenschaften. Energiegenossenschaften sind beim Ausstieg aus den fossilen und nuklearen Großkraftwerksanlagen und beim Einstieg in eine de-karbonisierte, solare und daher dezentrale Energiewirtschaft en vogue. Auch Ärzte organisieren sich vermehrt genossenschaftlich in Praxis-Gemeinschaften. Wohngemeinschaften haben bereits eine lange Tradition. Kommunale Dienstleistungen werden, nachdem sie unter dem Druck der Staatsschuldenkrise abgebaut worden sind, nun in manchen Fällen genossenschaftlich erbracht. Sogar die sogenannten Kreativen, die Urbilder des neuen und nicht nur von Neoliberalen verhimmelten Individualismus der Internet-Galaxis, erbringen ihre

Dienstleistungen häufig in genossenschaftlicher Form. Man kann Kosten sparen, das Risiko auf mehrere Schultern verteilen, Synergien mobilisieren und obendrein noch Spaß an der Sache haben. Die Vielfalt in der genossenschaftlichen Arena ist also sehr groß (http://www.ica.coop/al-ica/). Die UNO-Zahlen von den Mitgliedern in Genossenschaften können ebenso als Erfolgsmeldung von der Kraft der Solidarität wie als Indikatoren für die Not in der Welt und den in der Fiskal- und Finanzkrise erzwungen Rückzug des Staates aus gesellschaftlichen Aufgaben gelesen werden

Der Boom von Genossenschaften in Argentinien zu Beginn des 21. Jahrhunderts war eine direkte Folge der schweren Wirtschaftskrise am Ende der Menem-Ära mit ihrer brutal-neoliberalen Politik der Enteignung der kleinen Leute. Die „dollarisierte" Marktwirtschaft funktionierte nicht mehr, als in der Krise der späten 1990er Jahre die US-Dollars ausblieben, die die Basis des umlaufenden Geldes waren. Denn die mit der Bindung des Peso an den US-Dollar erfolgte Aufwertung der Währung blockierte die Exporte und verbilligte Importe. Die Devisenreserven schmolzen dahin. Der „konfiszierende" Staat, den Sloterdijk als Schreckensbild imaginiert, funktionierte nicht, weil bei den Bürgerinnen und Bürgern nichts zu konfiszieren war. „Sozioterritoriale Bewegungen" der Land- und Fabrikbesetzungen reorganisierten zunächst spontan und insgesamt erfolgreich Produktion und Verteilung, bis den Besetzungen von sozialen (aber auch territorialen) Räumen eine legale Form durch hoheitlichen Akt, und zwar als Genossenschaft gegeben wurde. Die „Occupy"-Bewegung aus den USA und aus Frankfurt oder Paris hat also eine lateinamerikanische Vorgeschichte von Bewegungen und Bewegten. Die Bewegung der Landlosen hat das Land in Besitz genommen, die Fabrikbesetzer die Fabriken, die Piqueteros die argentinischen Straßen, die nicht unbedacht so genannten „sozioterritorialen" Bewegungen die Territorien mit den Bodenschätzen und dem Wasser. Es ist also kein Zufall, dass die räumliche Dimension sozialer Bewegungen vor allem in Lateinamerika thematisiert worden ist (vgl. Geiger 2010).

Auch in der europäischen Krise entwickeln sich heute neue solidarische Wirtschaftsformen. Dazu zählen erstens Neugründungen von Genossenschaften, wie der deutsche Genossenschaftsverband (http://www.genossenschaften.de/) selbstbewusst mitteilt; jedes Jahr kommen zu den 5500 eingetragenen Genossenschaften etwa 300 dazu. Nicht alle Neugründungen sind spektakulär. Dazu gehören zweitens auch lokale und internetbasierte Tauschringe, die manchmal von ihren Protagonisten als Vorform einer neuen Gesellschaft verstanden werden. Doch sind sie meistens direkte Maßnahmen gegen die

Not der schweren Krise, die sich ja konkret als massiver Verlust von Arbeitsplätzen, als eine oftmals brutale Kürzung von Einkommen und als tiefe Einschnitte bei sozialstaatlichen Leistungen, als Privatisierung von für das Leben der Menschen wichtigen öffentlichen Gütern und als Kontrollverlust über die Entscheidungen, die Menschen im Betrieb unmittelbar betreffen, bemerkbar machen. Hier sind gewerkschaftliche Initiativen präsent, z. T. mit traditioneller wirtschaftsdemokratischer Agenda, bezogen auf noch existierende industrielle Strukturen, z. T. in Allianzen mit sozio-territorialen Bewegungen wie der occupy-Bewegung, um öffentliche Räume zurückzugewinnen.

In Venezuela, Brasilien, Ecuador, Bolivien und anderswo in Lateinamerika hat die Bewegung einer „solidarischen Ökonomie" die Unterstützung von Regierungen und von Einrichtungen des politischen Systems gefunden, z. B. aus den Universitäten. Was hierzulande nach neoliberalem Muster oft als „private-public partnership" (PPP) organisiert wird, kann auch in der Form von Genossenschaften und von anderen Organisationen der solidarischen Ökonomie wie Nachbarschaftsgruppen, Suppenküchen, Kindergärten oder „incubadoras" („Brutkästen" zur Unterstützung von Neuerungen) mit öffentlicher Hilfe besser verwirklicht werden. Daher kommt unweigerlich die Frage auf die Tagesordnung, ob genossenschaftliche, solidarische Aktivitäten mit dem Staat, im Staat selbst oder aber gegen den Staat organisiert werden (vgl. dazu Arps/Zelik 2006 und Zelik 2011). Wie können genossenschaftliche Produktion und staatliche Verteilung und Umverteilung eine Einheit bilden, zu einem politischen Projekt zusammenfließen? Wie können der nationale Staat, gesellschaftliche Initiativen, Bewegungen, Organisationen im öffentlichen Raum, aber auch in der Produktionssphäre und dann noch im Verein mit globalen Institutionen und Kommunikationsplattformen das zukünftige Gesellschaftsmodell eines „Sozialismus im 21. Jahrhundert" gestalten? Wenn diese Fragen gestellt werden, erschließt sich die historische Tragweite der Bildung „linker" Regierungen in einer Reihe von lateinamerikanischen Ländern im ersten Jahrzehnt des 21. Jahrhunderts.

Genossenschaften sind also Formen, in denen verschlafene oder eingeschläferte Traditionen wieder zu einem Leben jenseits des Kapitalismus, wie wir ihn kennen, erweckt werden können. Denn auf jeden Fall verändert sich das, wie man sagen könnte, „Artikulationsmuster" von Individuum und Kollektiv, von Privatheit und Gesellschaftlichkeit, von Konkurrenz und Kooperation, von Streben nach und Aneignung von individuellem Gewinn und solidarischem Wirtschaften, von Chrematistik und Ökonomik. Die wirkliche Entwicklung bewegt sich zwischen den Extremen. Sie ist das Resultat von sozialen und politischen Auseinandersetzungen, und dabei spielen auch intellektuelle Diskurse eine wichtige Rolle. Der „methodologische Individualismus", den Joseph A. Schumpeter (1908) zum Prinzip der Sozial- und Wirtschaftswissenschaften erklärte, und der den neoliberalen Sermon von Anfang an bis heute auszeichnet, klammert Kooperation und Solidarität als leitende Prinzipien für das individuelle Denken und Handeln a priori aus. Generationen von Studierenden an allen Universitäten der Welt haben eine Weltinterpretation auf der Grundlage des methodologischen Individualismus gelernt und alternatives Denken verlernt. Für sie sind Genossenschaften „unnatürlich", während selbst der gierige Individualismus der „Heuschrecken" als naturgegeben unterstellt wird.

Es scheint, als ob Franz Oppenheimers „Transformationsparadox", das er gegen Ende des 19. Jahrhunderts in seiner Schrift über die „Siedlungsgenossenschaft" aufstellte (Oppenheimer 1896), auch in der gegenwärtigen Krise gilt, aber umgekehrt: Ökonomisch erfolgreiche Genossenschaften, so Oppenheimer, transformieren sich in kapitalistische Unternehmen. Auch Genossenschaften können profitabel sein, wenn sie sich nach innen genossenschaftlich organisieren und zugleich auf dem Markt wie gut geführte kapitalistische Unternehmen konkurrieren. Dann unterscheiden sie sich wohl in der Binnenorganisation, nicht aber in ihren Operationen auf dem Markt von einem profitablen privaten Unternehmen. Dann ist es naheliegend, dass das genossenschaftliche Unternehmen zu einem kapitalistischen wird. Die Transformation folgt dann dem „kapitalistischen Gefälle": Alle Alternativen landen letztlich im kapitalistischen Topf, wo sie zum Einheitsbrei verrührt werden. Dieser Entropiesteigerung kann nur mit großem sozialem und politischem Energieaufwand entgegengewirkt werden. Diese Energie bringen soziale Bewegungen nur mit großer Anstrengung auf, und häufig scheitern sie dabei. Denn es ist einfacher, dem „seltsamen Attraktor" Kapitalismus nachzugeben und als Genossenschaften dem kapitalistischen Betrieb „selbstähnlich" zu werden. Diese Erfahrung haben viele genossenschaftliche Initiativen machen müssen, in europäischen „Alternativbetrieben" ebenso wie bei den Landbesetzungen durch die brasilianische Landlosenbewegung.

Doch vollzieht sich die Transformation offensichtlich auch umgekehrt. Notleidende kapitalistische Unternehmen werden in Genossenschaften überführt bzw. es werden Genossenschaften gegründet, wenn die kapitalistischen Unternehmen in der Krise fallieren und eine „Marktlücke" hinterlassen. Wenn der Lack des kapitalistischen Wachstums- und Wohlstandsmodells blättert, kommen sehr viele verschüttete Traditionen der „moralischen

Ökonomie" wieder ans Tageslicht. Die moralische Ökonomie muss im Unterschied zur durch die „Moral des Erwerbs" gesteuerten Wirtschaft nicht wachsen. Daher ist es kein Wunder, wenn in allen OECD-Ländern und nicht nur in den „Entwicklungs- und Schwellenländern" der „dritte" Non-Profit-Sektor blüht und mehr Arbeitsplätze bietet als die traditionsreiche Industrie, wie die OECD in einer Studie über den Dritten Sektor (OECD 2003)herausfindet. Es können die immer gegenwärtigen Initiativen der Realisierung eines Lebens und Arbeitens jenseits der Zwänge von Kapitalverwertung in Einklang mit den gesellschaftlichen Traditionen und der Natur auch über regionale und nationale Räume hinaus Attraktivität entfalten. Das ist der Grund für die Aufmerksamkeit, die heute das Wiederaufleben der Genossenschaftsbewegung, die Erfahrungen der „solidarischen Ökonomie" oder das Konzept des „buen vivir" aus dem andinen Raum weit über die geographische Ursprungsregion hinaus findet.

Die Ökonomie des guten Lebens

Genossenschaften sind nicht die einzigen alternativen Wirtschaftsformen zum marktwirtschaftlich-kapitalistischen mainstream. In den Jahrzehnten seit der von Milton Friedman in den 1970er Jahren ausgerufenen „Konterrevolution" gegen Keynesianismus und andere Gestalten des planerischen Staatsinterventionismus schien der Neoliberalismus einen historischen Sieg über jede Spielart von kollektivem Entscheiden und Handeln davongetragen zu haben. Doch war das immer schon eine optische und eine intellektuelle Selbsttäuschung. Denn neoliberal und marktgläubig waren vor allem die Reichen in den reichen Industrieländern in Nordamerika und Westeuropa. Sie meinten wie die Freihändler des 19. Jahrhunderts, ihre ökonomische und technische Überlegenheit in einem marktliberalen Umfeld am besten und am einträglichsten ausspielen zu können. Dagegen opponierten im 19. Jahrhundert die bürgerlichen Klassen der Nachzüglerökonomien, und Friedrich List machte sich zum theoretischen und politischen Anwalt von Staatseingriffen zur aktiven Förderung der Wettbewerbsfähigkeit, um die Nachteile in der globalen Konkurrenz auf liberalisiertem Weltmarkt auszugleichen.

Seit den 1940er Jahren verfolgten die lateinamerikanischen Länder eine Entwicklungsstrategie, deren Promotor der „*estado desarrolista*", der Entwicklungsstaat, der lenkend in die Wirtschaft eingegriffen hat, werden sollte. Ähnlich, wenn auch mit unvergleichlichem politischen und kulturellen

Hintergrund und mehrere Dekaden später sind auch die asiatischen Länder vorgegangen. Zunächst Japan, dann Südkorea und schließlich China und Indien. Alle diese Länder sind Beispiele dafür, dass der Neoliberalismus weder das einzige noch das erfolgreichste Modell kapitalistischer Entwicklung war und ist.

So wie in verschiedenen Weltregionen „*varieties of capitalism*“ entstanden sind, die intensives sozialwissenschaftliches Studium auslösten, mit dem ideale Kombinationen von Ingredienzien eines „effizienten“ Hybrid-Kapitalismus herausgefunden werden sollten, können auch variierende Schrittfolgen aus dem Kapitalismus heraus konzipiert werden. Der Kapitalismus passt nicht mehr in die Welt von heute, schallt es 2012 selbst aus Davos. Das Ende der Geschichte gibt es also nicht, das Ende des Kapitalismus (wie wir ihn kennen) aber sehr wohl. Dann kommt unweigerlich die Frage auf die Tagesordnung, welche Reserven die kapitalistische Produktionsweise besitzt, um Anpassungen innerhalb der kapitalistischen Gesellschaftsformation integrieren zu können. Mit Antonio Gramsci wäre also zu fragen, wie groß seine transformistische Kraft ist. Es könnte ja auch sein, dass die gesellschaftlichen Transformationsprozesse Übergänge in eine andere, postkapitalistische Gesellschaftsformation, zum „Sozialismus des 21. Jahrhunderts“ öffnen.

In den Marx'schen Entwürfen eines Briefes an die russische Volkstümlerin Vera Sassulitsch aus dem Frühjahr 1881 (MEW 19: 242f.; 384-406) wird die Offenheit der Geschichte von Gesellschaftsformationen explizit thematisiert. Vera Sassulitsch möchte von Marx nämlich wissen, ob sich erst der Kapitalismus voll entfalten müsse, bevor in Russland an den Übergang zum Sozialismus zu denken sei oder ob nicht die russische Dorfgemeinde, die *Obschtschina*, die eine längere Geschichte als der Kapitalismus hat, bereits als nicht-kapitalistische Vorform des Sozialismus gelten könne.

Marx macht sich die Antwort auf die Frage von Vera Sassulitsch nicht leicht. In verschiedenen Entwürfen, jeweils nach umfänglichem „Spezialstudium“ (MEW 19: 243) geschrieben, lehnt er jeden Geschichtsdeterminismus einer vorgegebenen Aufeinanderfolge von Gesellschaftsformationen ab, so wie sie im 20. Jahrhundert als „historischer Materialismus“ im stalinistischen Lehrbuchmarxismus kodifiziert worden ist. „Die ‚historische Unvermeidlichkeit‘ (der radikalen Trennung des Produzenten von den Produktionsmitteln – EA) ist [...] ausdrücklich auf die Länder Westeuropas beschränkt.“ Denn „bei dieser Bewegung im Westen handelt es sich um die Verwandlung einer Form des Privateigentums in eine andere Form des Privateigentums.

Bei den russischen Bauern würde man im Gegenteil ihr Gemeineigentum in Privateigentum umwandeln. [...] das Spezialstudium, das ich darüber getrieben [...] habe, hat mich davon überzeugt, daß diese Dorfgemeinde der Stützpunkt der sozialen Wiedergeburt Rußlands ist [...]." (MEW 19: 242f.) Das Gemeineigentum sichert dem Gemeinwesen eine feste Grundlage (MEW 19: 404), das private Eigentum gewährleistet Flexibilität der Entwicklung und stimuliert individuelle Initiativen.

Dieser Dualismus, so Marx, ist dynamisch, weist aber bereits „Keime der Zersetzung" auf. Doch letztlich hängt alles „vom historischen Milieu ab, in dem sie (die Dorfgemeinde – EA) sich befindet" (ebenda). Deshalb kann es sein, dass „das Vertrautsein des russischen Bauern mit dem Artel [...] ihm speziell den Übergang von der Parzellen- zur genossenschaftlichen Wirtschaft erleichtern (würde)" (ebenda). Im 21. Jahrhundert dürfen die schon erwähnten Schwierigkeiten für den Übergang nicht übersehen werden, die sich aus dem individualistischen Milieu einer vorwiegend auf Privateigentum errichteten Gesellschaft ergeben. Auch die Erfahrungen während des Sozialismus des 20. Jahrhunderts müssen in Erinnerung bleiben: Die Kollektivierung der Landwirtschaft in der Sowjetunion nach 1928 hat die alten genossenschaftlichen Ansätze zerstört, aber in der Form der Kollektivwirtschaft (Kolchose) neue hervorgebracht. Sie waren, wie Alec Nove in seinem Klassiker über die sowjetische Wirtschaft (Nove o. J., ca. 1963) geschrieben hat, Vehikel der „ursprünglichen sozialistischen Akkumulation", der Lenkung von Ressourcen aus der Landwirtschaft in die Industrie, der Bereitstellung von Teilen der Agrarbevölkerung als Lohnarbeiter, der Versorgung der Städte durch das Land. Das war im Prinzip so anders nicht in der kapitalistischen ursprünglichen Akkumulation. Nur mit Hilfe der Kollektivierung der Landwirtschaft war es möglich, die Ziele der Fünfjahrespläne ab 1928 zu erfüllen. Nove betont ausdrücklich, dass „keinen Augenlick ein Zweifel darüber besteht, daß diese Maßnahmen vernünftig waren" (Nove o.J.: 50). Doch die Vernunft konnte nur mit Zwang auf autoritäre Weise gegen den bäuerlichen Widerstand durchgesetzt werden. Der Genossenschaftsgedanke wurde nicht zuletzt durch die sowjetischen Erfahrungen desavouiert.

Das ist einer der Gründe, warum im 21. Jahrhundert der Rekurs auf das alte Erbe der indigenen Bevölkerung Lateinamerikas, die Betonung von Solidarität und Kooperation gegen die Konkurrenz als eine überraschende „neue Vision" (Barkin und Lemus 2011) wahrgenommen wird: Sumak Kawsay, das „gute Leben" bzw. das „Gut Leben" in „Vielfalt und Eintracht mit der Natur" (so in der Präambel der ecuadorianischen Verfassung von 2008), in einer solidarischen Gemeinschaft von Menschen, die kooperieren anstatt zu konkurrieren, die sich nicht dem individuellen und kurzfristigen Gewinnstreben verschreiben, sondern langfristig und nachhaltig das kollektive Leben gestalten wollen (Cortez/Wagner 2010). Die Plünderung des Ressourcenreichtums des Kontinents, die Ausbeutung der Menschen, die Respektlosigkeit gegenüber den indigenen Traditionen, die Missachtung der politischen Souveränität durch die imperialistischen Mächte in den vergangenen Jahrhunderten bis in unsere Tage werden nicht mehr akzeptiert. Eine umfassende Dekolonialisierung ist folglich angesagt, nicht zuletzt auch, um die Folgen der schweren Finanz- und Wirtschaftskrisen, die den lateinamerikanischen Kontinent seit Jahrzehnten immer wieder erfasst und belastet haben, zu bewältigen. Das „Gut Leben" bzw. das „gute Leben" (buen vivir oder vivir bien) wird in Bolivien und Ecuador als Verfassungsprinzip verankert, und auch in der venezolanischen Verfassung werden partizipative Elemente verankert.

Mehr noch: die Natur wird als eigenständige Rechtsperson, als „pachamama" in der „kosmologischen Ordnung des guten Lebens" (Cortez 2012) verstanden. Das ist ein Bruch mit der abendländischen Tradition, in der die Menschen sich die Natur untertan machen sollen, und in der das weibliche Geschlecht dem männlichen untergeordnet ist. Das buen vivir ist also umfassender als das „gute Leben" bei Aristoteles, das erreicht ist, wenn die Menschen „dauerhaft" glücklich sind (Eudämonia). An dem Glück können Frauen oder Unfreie nur unvollkommen teilnehmen. In der andinen Tradition ist das Glück der Menschen unvollkommen, wenn es nicht in Harmonie mit dem Rechtssubjekt Natur erreicht werden kann. Dieses Verständnis von Mensch und Natur und des Menschen in der Natur hat praktische Auswirkungen. Die Rechte, beispielsweise von Unternehmen an der Ausbeutung von Ressourcen, enden gemäß der Verfassung des buen vivir an den Rechten der Natur. Dieses Verständnis des Mensch-Natur-Verhältnisses überschreitet das rationalistisch geprägte und dann im Kapitalismus in globalisierter Praxis realisierte Modell der Herrschaft über die Natur, der ununterbrochenen Inwertsetzung von Naturressourcen, der Verwandlung von Naturreichtümern aller in den individualisierbaren und in Geld gemessenen ökonomischen Wohlstand einzelner, die damit glücklich werden können – oder auch nicht. Der ökonomische Wohlstand wird als mediale und politische Macht eingesetzt und wird so zum Privileg weniger, das sie vom Kollektiv unterscheidet.

Das „Gut Leben“ ist also umkämpft, und der Gegenstand des Kampfes ist das Modell bzw. Paradigma der Entwicklung, die Moral des Wirtschaftens – denn es gibt, wie wir gesehen haben, nicht nur eine. In der Verfassung Ecuadors heißt es im Artikel 395:

> Der Staat garantiert ein nachhaltiges und in Bezug auf die Umwelt ausgeglichenes Entwicklungsmodell, das die kulturelle Diversität respektiert, das die Biodiversität und die Fähigkeit der natürlichen Erneuerung der Ökosysteme erhält und das die Befriedigung der gegenwärtigen und zukünftigen Generationen sichert. (nach Cortez 2012)

Die Ambivalenz, die Marx für die russische Dorfgemeinde festgestellt hat, bleibt auch in den lateinamerikanischen Reformländern erhalten. Denn der Verfassungstext des „buen vivir“ in Ecuador und Bolivien ist nicht gleichbedeutend mit der Verfassungswirklichkeit des „neuen Extraktivismus“ (Gudynas 2011; Zelik 2011) der gleichen Regierungen. Der „alte“ Extraktivismus des 20. Jahrhunderts war von der Rohstoffausbeute durch transnationale Konzerne und den „säkularen Fall“ der Austauschverhältnisse von Rohstoffen und Industrieprodukten (Terms of trade) gekennzeichnet. Die Folge war, dass die Menschen in den Rohstoffländern, von den Angehörigen der „Kompradorenbourgeoisie“ abgesehen, immer ärmer wurden je mehr Reichtümer aus dem Boden geholt wurden. Dieser als „Rohstofffluch“ bekannte Sachverhalt kann in Potosí in Bolivien am Silberberg (dem cerro rico) noch heute studiert werden (vgl. Creischer/Hinderer/Siekmann 2010). Im 21. Jahrhundert jedoch scheint sich der Trend der Terms of trade angesichts steigender Rohstoffpreise umzukehren. Dafür sind sowohl die steigende Nachfrage nach Rohstoffen als auch das knapper werdende Angebot vieler Rohstoffe angesichts des „Peak-everything“ (Heinberg 2007) verantwortlich.

Obendrein ist es zumindest den „linken“ Regierungen in Lateinamerika gelungen, die Macht der transnationalen Konzerne einzudämmen und sich und der Bevölkerung ein größeres Stück vom Kuchen der Rohstoffausbeute zu sichern. Dann kann es geschehen, dass der soziale Fortschritt des „Gut Lebens“ von Deviseneinnahmen aus Rohstoffexporten abhängig wird, die aber – und das macht einen Unterschied – nicht nur transnationale Konzerne bereichern, sondern auch für soziale Projekte der ärmeren Bevölkerung verwendet werden. Mindestlöhne werden eingeführt, die Alterssicherung verbessert, die Schulbildung gefördert, Universitäten errichtet, Nachbarschafts- und Stadtteilgruppen werden finanziert, Genossenschaften auf dem

Lande werden subventioniert, öffentliche Dienste werden wiederbelebt, privatisierte öffentliche Güter werden re-kommunalisiert oder nationalisiert.

Das ist nicht wenig, aber es geht über den von Raymond Williams (1989: 213ff.) sogenannten „Sozialismus der Umverteilung", den ein bedeutender Teil der westlichen sozialistischen Linken im 20. Jahrhundert zu ihrem Programm erhoben hatte, nicht wesentlich hinaus. Dieser war nicht alles, aber doch sehr viel, woran Tony Judt kurz vor seinem Tod erinnert hat:

> Die erste Aufgabe radikaler Dissidenten besteht heute darin, ihr Publikum an die Errungenschaften des 20. Jahrhunderts zu erinnern – und über die wahrscheinlichen Folgen des leichtfertigen Eifers zu reden, mit dem wir diese Errungenschaften zerlegen. – Die Linke hat, um es ganz deutlich zu sagen, etwas zu bewahren. (Judt 2010)

Die Natur mit ihren „Rechten", die man ja als „constraints", als Restriktionen, als Begrenzungen des menschlichen Handelns interpretieren kann, wird dabei allerdings nicht genügend respektiert: auf die Gesetze der Evolution oder die thermodynamischen Hauptsätze, auf die Mengenbeschränkungen bei erschöpflichen Ressourcen oder auf die Schwellenwerte für toxische Substanzen wird wenig Rücksicht genommen. Die natürlichen, gesellschaftlichen, ökonomischen und kulturellen Restriktionen sind ein Hinweis darauf, dass die moralischen Ressourcen in einer kapitalistischen Erwerbsgesellschaft aufgebraucht werden und dann eine moralische Ökonomie, die sich angesichts der natürlichen und gesellschaftlichen Restriktionen selbstbegrenzt, – bzw. in aristotelischer Sprache: unter Beachtung von Maß und Mitte – errichtet werden muss.

Der „Sozialismus des 21. Jahrhunderts"

Der real existierende Kapitalismus, so wie wir ihn kennen, ist am Ende einer Sackgasse der Entwicklung angelangt (vgl. Altvater 2006). Der „Sieg im Kalten Krieg" hat den kapitalistischen Kräften zunächst freie Bahn geschaffen, und zwar in jenen gesellschaftlichen Formen, deren Dynamik zum Zusammenbruch des Realsozialismus beigetragen hat. Das bot den Anlass zum Triumphgeschrei vom „Ende der Geschichte", weil jenseits der Formen des realen Kapitalismus Alternativen nicht mehr vorstellbar schienen. Doch die Euphorie des Endes der Geschichte währte nicht lange. Denn die

Entwicklung führte „alternativlos" immer sicht- und fühlbarer in die Sackgasse der Krise des gesellschaftlichen Naturverhältnisses, in die Energie-, Klima-, Ernährungskrise – und in die schwerste Finanz- und Wirtschaftskrise in der Geschichte des Kapitalismus. Das gute Leben ist nicht möglich, wenn die äußere und die innere Natur geschädigt werden, selbst wenn es gelingen sollte (was aber nicht geschehen ist), die Armut zu beseitigen, den Sozialstaat zu festigen und die formelle, d.h. nicht prekäre Beschäftigung zu steigern.

Daher ist es nicht überraschend, dass zwei Jahrzehnte nach dem „Ende der Geschichte" der Urheber dieser Parole, Francis Fukuyama, in einem Interview in „Spiegel-online" (vom 1. Februar 2012) der Aussage von „Newsweek" (vom 6.2.2006) zustimmt: „We are All Socialists Now". Die Mühsal, die Geschichte zu gestalten, geht doch weiter. Frivole Zeitgenossen melden sich mit einem Lob des Kommunismus, mit Elogen auf Lenin zu Wort – und sie werden gehört. Denn auch wenn der reale Sozialismus nicht mehr real ist, der reale Kapitalismus hat keine Antworten auf die Herausforderungen unserer Zeit. Die Finanzkrise ist außer Rand und Band und dabei, gleich mehrere Länder in den Staatsbankrott zu treiben mit nicht absehbaren Konsequenzen für die betroffenen Menschen.

Vieles, was für den Sozialismus des 20. Jahrhunderts zentrale Bedeutung hatte, kann nicht ins 21. Jahrhundert mitgeschleppt werden. Der Sozialismus des 21. Jahrhundert muss sich radikal vom Sozialismus des 20. Jahrhunderts unterscheiden und nicht als eine hegelianische Aufhebung der kapitalistischen Gesellschaftsformation konzipiert werden. Eine neue Entwicklungsbahn beginnt. So steht das Projekt des Sozialismus des 21. Jahrhunderts vor gleich mehreren Herausforderungen. Es kann nicht der „Moral des Erwerbs" gehorchen, es muss vielmehr solidarisch und demokratisch sein, und es muss eine solare, eine nachhaltige Gesellschaft mit erneuerbaren Energieträgern und reduziertem Verbrauch von Rohstoffen, von Land und Wasser anstreben.

Der Katalog des Ballastes, den ein Sozialismus-Projekt im 21. Jahrhundert abwerfen muss, ist umfangreich. Er enthält die Einheitspartei und den politischen Zentralismus, die umfängliche Verstaatlichung anstatt der Vergesellschaftung der Produktionsmittel, die Zensur der öffentlichen Meinung, den Personenkult, den Atheismus als eine Art neuer Religion, die Zentralität der Arbeiterklasse gegenüber den „Bündnispartnern", die Auflösung des Spannungsverhältnisses von Freiheit und Gleichheit zugunsten von Gleichheit mit eingeschränkter Freiheit. Das alles ist für immer mehr Menschen nicht akzeptabel. Fatal waren auch die unkritische Übernahme fordistischer Konsummuster und damit die Auslieferung an den „Systemwettbewerb“ und die damit einhergehende implizite Bindung an nicht sozialistische Standards. Der zu überwindende kapitalistische Westen konnte so weiterhin die Normen setzen, die für die sozialistische Entwicklung maßgeblich waren. Problematisch sind auch die zentralistischen Eigentumsformen, der Zentralismus der Planung und die Verdrängung von Marktbeziehungen ins Informelle. Auch der Vorrang der Investitionsgüter- vor der Konsumgüterabteilung, eine logische Folge des „Wachstumsfetischismus“ und der damit verbundene „halbe Fordismus“, weil der Massenproduktion keine Massennachfrage entsprach, sind Elemente, die das Scheitern des Sozialismus 1989 bewirkt haben und die schließlich daher im Sozialismus des 21. Jahrhunderts Tabu sein müssen.

Das fossile Zeitalter geht unweigerlich zu Ende. Denn die konventionellen Bestände von Öl, Gas und Kohle sind fast aufgebraucht, Peakoil ist erreicht, Peakgas steht in den nächsten Jahren bevor, Peakcoal ist ebenfalls absehbar. Es gibt zwar nicht-konventionelle Bestände, deren Förderung jedoch sehr hohe ökologische und soziale Kosten verursacht und sehr risikoreich ist. Deep Sea Horizon ist ein Menetekel. Polares Öl und erst recht das Öl aus den Teersänden in Kanada und Venezuela können nur mit einem hohen Energieeinsatz und unter Inkaufnahme von ökologischen Zerstörungen gefördert werden. Die Atomenergie ist nach Fukushima keine Alternative. Auch ist nicht gewiss, dass der Energieaufwand zur Förderung der fossilen Energieträger – ganz zu schweigen von den notwendigen Rekultivierungsmaßnahmen – geringer als die geerntete Energie ist (die Maßzahl des Energy Return On Energy Invested ist geringer als 1).

Auch darf die Belastung der Erdatmosphäre mit CO_2 nicht unberücksichtigt bleiben. Der Anstieg der Konzentration von Klimagasen in der Atmosphäre hat zur Folge, dass das 2°C-Ziel des Weltklimarates kaum noch erreicht werden kann. Daher kann die Abhängigkeit von fossilen Energieträgern nicht mehr durch die Erschließung neuer Kohle-, Öl- oder Gaslagerstätten überwunden werden, sondern nur noch im Übergang zu einem weniger energieintensiven Modus des Wirtschaftens auf der Grundlage erneuerbarer, solarer Energiequellen, die mit Hilfe von Photovoltaik, Thermovoltaik, Wasserkraft, Wind- und Wellenenergie, Biomasse erschlossen werden. Die ökologischen Zerstörungen und die Missachtung der Natur sind Erscheinungsformen, die auch im 20. Jahrhundert immer wieder in den sozialistischen Parteien Kritik provoziert und Vorschläge für alternative Entwicklungen angeregt haben. Allerdings konnten sie sich nicht durchsetzen oder wurden gar (wie in Prag 1968) militärisch niedergeschlagen. Doch überall in der Welt sind neue Bewegungen entstanden, die sich für ökologische und solidarische Projekte einsetzen und für die ein ökologischer Sozialismus eine realistische Option ist, auch wenn das Konzept einen anderen Namen trägt, Sumak Kawsay oder buen vivir.

Anders als der Sozialismus des 20. Jahrhunderts muss der Sozialismus des 21. Jahrhunderts also ökologisch sein – wie umgekehrt auch Ökologen nur ihren Zielen näherkommen können, wenn sie sozialistisch sind. Der ökologische Sozialismus aber ist nur möglich, wenn nicht mehr möglichst hohes Wirtschaftswachstum angestrebt wird. Das ist sehr konsequenzenreich. Es müssen weniger Güter für Investitionen und mehr Güter für den Ge- und Verbrauch produziert werden. Die Entwicklung von Technologie und Wissenschaft ist von dieser Richtungsentscheidung betroffen. Im 20. Jahrhundert haben die kapitalistische und die sozialistische Rationalität gleichermaßen die Natur und ihre Grenzen (von Ressourcen und Schadstoffsenken) nicht wahrnehmen müssen. Das war einerseits möglich, weil die Grenzen der Naturbelastung noch fern waren, außerhalb des Gesichtskreises der aktiven Generation und nur wenige sensibilisierte Ökologen haben sie mit geeignetem Sensorium erfassen können. Andererseits waren dafür ein blinder Industrialismus und der seit dem Beginn der „Systemkonkurrenz" nach dem Zweiten Weltkrieg die wissenschaftlichen und politischen Diskurse dominierende Wachstumsfetischismus hauptverantwortlich. Die realsozialistische Entwicklung ist durch die kapitalistische Entwicklung zutiefst korrumpiert worden. Die Produktivkraftentwicklung wurde überbetont und die Restriktionen der Natur als zu überwindende Hemmnisse aus kapitalistischen Zeiten missdeutet. Die kritischen Marx'schen und Engels'schen Ausführungen zur Naturfrage wurden dem Vergessen überantwortet. Im „Systemwettbewerb" galt es, den Sieg zu erringen, und dazu musste das Wachstum gesteigert werden, allerdings auf einem Pfad, auf dem die entwickelten kapitalistischen Nationen einen beträchtlichen Vorsprung hatten und auf dem es ihnen ein Leichtes war, das „Einholen und Überholen" – eine Leitlinie der Politik in den realsozialistischen Ländern nach dem zweiten Weltkrieg – zu unterbinden.

Auch die Planung änderte daran nichts. Sie war zwar rationaler als die dann doch durch den Markt koordinierte Planung großer Konzerne im kapitalistischen Westen. Denn auch wenn die großen Konzerne in großem Stil und mit all den Methoden, die auch in der sozialistischen Planwirtschaft

Anwendung finden, planen, bleibt diese im schmalen Horizont der mikroökonomischen Rationalität befangen und kann makroökonomische, gesellschaftliche Ziele nicht verfolgen. Die Einzelunternehmen sind der Konkurrenz auf dem Weltmarkt unterworfen und planen daher gegeneinander. Sehr häufig handelt es sich um Nullsummenspiele. Alle Beteiligten planen rational, und dennoch enden die einen auf der Verliererbank, während die anderen das Siegertreppchen emporsteigen. Wer im globalen Raum gewinnt, ist oft Zufällen zu verdanken. Doch durch sie wird die Entwicklungsrichtung der Zukunft bestimmt, auf spontane Weise und nicht geplant.

Das ist ein starkes Argument gegen eine Gesellschaft von Privateigentümern und für kollektives Eigentum. Die Voraussetzung dafür, dass eine kollektive Rationalität zum Zuge kommen kann, ist die kollektive Verfügung über die materiellen Bedingungen des Arbeitens und Lebens, über die Produktionsmittel. Im Sozialismus des 20. Jahrhunderts sollte dies vor allem durch staatliches Eigentum gewährleistet werden. Im Sozialismus des 21. Jahrhunderts aber ist eine größere Vielfalt von Eigentumsformen verlangt: Genossenschaftliches Eigentum, das der großen Bedeutung von Genossenschaften Rechnung trägt, kommunales und auch Staatseigentum, das die Bereitstellung von öffentlichen Gütern gewährleistet, Gemeineigentum an der Allmende, auf das weder Private noch der Staat exklusiv Zugriff nehmen können und daher traditionelle, indigene inkludierende Nutzungsweisen angemessen sind. Auch privates Eigentum hat in einer pluralen Ordnung des Eigentums seinen Platz. Es ist notwendig, doch muss man Regeln erlassen, damit es nicht wie Marx in seinen Briefentwürfen an Vera Sassulitsch schreibt, seine „zersetzende" Wirkung entfalten kann.

Im Sozialismus des 21. Jahrhunderts könne eine „Planwirtschaft auf der Höhe der Zeit" (Dunkhase und Feuerstein 2006) irrationale Fehlentwicklungen verhindern. „Auf der Höhe der Zeit", das meint hier den Einsatz leistungsfähiger Computer, mit denen die Milliarden Entscheidungen auf Arbeits- und Gütermärkten – die Finanzmärkte werden strikt reguliert und nehmen daher auf den Festplatten der Computernetzwerke nur wenig Platz ein – abgestimmt werden sollen (vgl. Cockshott/Cottrell 2006). Doch die Vorstellung, die gesellschaftliche Wirklichkeit ließe sich auf einem Computer abbilden, ist absurd – und nicht nur das, sie ist für einen solaren, solidarischen und demokratischen Sozialismus des 21. Jahrhunderts nicht angemessen. Denn es werden die vielen Ansätze solidarischen Wirtschaftens, d.h. eine wirkliche Bewegung aus den kapitalistischen Verhältnissen heraus verkannt. Es kann nicht darum gehen, die Ökonomie planerisch zu simulieren, weil dies gar nicht gelingen kann. Und wenn es gelingen sollte, bestimmt der für den Plan eingesetzte Computer Produktion und Konsumtion. Die Planung muss der räumlichen und zeitlichen Reichweite der produzierten und genutzten Güter angemessen sein, und sie muss auf verschiedenen Ebenen und nicht nur zentral oder gar global erfolgen. Das wäre wie monokulturelle Plantagen in der Landwirtschaft. Nur Dezentralisierung und Diversität sichern die soziale und natürliche Evolution, und Evolution ist der wichtigste Wortbestandteil in dem Begriff der R-evolution.

Im 20. Jahrhundert scheiterte die sozialistische Planung nicht zuletzt an der „Gewalt des Geldes", daran, dass sich die sozialistischen Länder gegenüber dem Finanzsektor der kapitalistischen Welt verschuldet haben. Um den Schuldendienst leisten zu können, mussten sie Devisen erwirtschaften, also auf kapitalistischen Märkten wettbewerbsfähig sein. Das konnte ihnen nur gelingen, wenn sie die Arbeitsverhältnisse, die Technologien und Vermarktungsmethoden des Westens übernahmen. So verwandelten sie sich schon Jahre vor dem Zusammenbruch 1989 in subalterne kapitalistische Ökonomien mit sozialistischen Residuen, die nach 1989 sehr schnell beseitigt werden konnten. Auch der Sozialismus des 21. Jahrhunderts entsteht in Nachbarschaft zum modernen, d.h. finanzgetriebenen Kapitalismus. Daher ist eine der wichtigsten Aufgaben die Eindämmung des Finanzsektors durch strikte Regulierung. Sonst werden sich die vielen schmalen Rinnsale aus Genossenschaften, indigenen Gemeinschaften, alternativen Praxen niemals zu einem Projekt des Sozialismus des 21. Jahrhunderts vereinigen können.

Literatur

Altvater, Elmar (2006, 4. Aufl.): *Das Ende des Kapitalismus, wie wir ihn kennen. Eine radikale Kapitalismuskritik*, Münster: Westfälisches Dampfboot.

Altvater, Elmar/Mahnkopf, Birgit (2004, 6. Aufl.): *Grenzen der Globalisierung. Ökonomie, Politik, Ökologie in der Weltgesellschaft*, Münster: Westfälisches Dampfboot.

Altvater, Elmar/Sekler, Nicola, Hrsg. (2006): *Solidarische Ökonomie*, Hamburg: VSA.

Arps, Anne-Britt/Zelik, Raúl (2006): „Mit, im und gegen den Staat – Kooperativen im Grenzgebiet von Kolumbien und Venezuela", in: Altvater, Elmar/Sekler, Nicola, Hrsg. (2006): *Solidarische Ökonomie*, Hamburg: VSA, S. 124-131.

Barkin, David/Lemus, Blanca (2011): *La Economia Ecológica y Solidaria: Una propusta frente a nuestra crisis* (http://www.sustentabilidaes.org/revista/index.php?).
Brandt, Willy (2008, 2. Aufl.): *Verbrecher und andere Deutsche*, Bonn: Dietz 2007.
Cockshott, Paul/Cottrell, Allin (2006): *Sozialistische Planwirtschaft ist möglich* (http://www.dcs.gla.ac.uk/publications/PAPERS/7954/planprojektb-idx.pdf).
Creischer, Alice/Hinderer, Max Jorge/Siekmann, Andreas (Hg.) (2010): *The Potosí Principle. Colonial Image Production in the Global Economy*, Ausstellungskatalog, Köln: Walther König.
Dieterich, Heinz (1996): *Der Sozialismus des 21. Jahrhunderts. Wirtschaft, Gesellschaft und Demokratie nach dem globalen Kapitalismus*, Berlin: Kai Homilius.
Dunkhase, Helmut/Feuerstein, Dieter (2006): „Planwirtschaft – auf der Höhe der Zeit", in: *Junge Welt*, 10. Januar 2006.
Evers, Adalbert; Laville, Jean Louis (Hg.) (2004): *The Third Sector in Europe*, Cheltenham und Northampton, Mass.: Edward Elgar.
Geiger, Margot (2010): *Umkämpftes Territorium. Markt, Staat und soziale Bewegungen in Argentinien*, Münster: Westfälisches Dampfboot.
Giegold, Sven/Embshoff, Dagmar (2008): *Solidarische Ökonomie im globalisierten Kapitalismus*, Hamburg: VSA.
Gudynas, Eduardo (2011): „Linke und politische Ökologie in Südamerika. Die Grenzen des Fortschritts und die Erneuerung der progressiven Bewegungen", in: *Emanzipation*, Frühjahr 2011, S. 34-50.
Harvey, David (2003): The New Imperialism, Oxford: University Press.
Heinberg, Richard (2007): *Peak Everything: Waking Up to the Century of Declines*, Gabriola Island: New Society Publishers.
Judt, Tony (2010): „Was ist lebendig und was ist tot an der sozialen Demokratie?", in: *Berliner Republik* 2/2010 (http://www.b-republik.de/archiv/was-ist-lebendig-und-was-tot-an-der-sozialen-demokratie).
Mahnkopf, Birgit (1994): „Markt, Hierarchie und soziale Beziehungen, Zur Bedeutung reziproker Beziehungsnetzwerke in modernen Marktgesellschaften", in: *Soziale Welt/Sonderband*, Göttingen: Schwarz, S. 65-84.
Nove, Alec (o.J., ca. 1963): *Die sowjetische Wirtschaft*, Wiesbaden: Rheinische Verlagsanstalt.
OECD (2003): *The Non-profit Sector in a Changing Economy*, Paris OECD.
Oppenheimer, Franz (1896): *Die Siedlungsgenossenschaft. Versuch einer positiven Überwindung des Kommunismus durch Lösung des Genossenschaftsproblems und der Agrarfrage*, Leipzig: Duncker & Humblot.
Polanyi, Karl (1978): *The Great Transformation*, Frankfurt/M.: Suhrkamp.
Putnam, Robert D (2001): *Gesellschaft und Gemeinsinn. Sozialkapital im internationalen Vergleich*, Gütersloh: Bertelsmann.

Schumpeter, Josef A. (1908): *Das Wesen und der Hauptinhalt der theoretischen Nationalökonomie*. Leipzig: Duncker & Humblot.

Thompson, Edward P. (1980): „Plebeische Kultur und moralische Ökonomie", in: Groh, Dieter (Hg.): *Aufsätze zur englischen Sozialgeschichte des 18. und 19. Jahrhunderts*, Frankfurt/M./Berlin/Wien: Ullstein.

Williams, Raymond (1989): *Resources of Hope. Culture, Democracy, Socialism*, London/New York: Verso.

Zelik, Raúl (2011): *Nach dem Kapitalismus? Perspektiven der Emanzipation oder: Das Projekt Communismus anders denken*, Hamburg: VSA.

Margrit Kennedy / Rolf Merten

Regionalgeld – eine Chance für Mensch und Region

Jede und jeder von uns verbringt den größten Teil seiner Tage damit, Geld zu verdienen und Geld auszugeben. Aber was ist das eigentlich: Geld? Obwohl wir es seit Jahrtausenden kennen und täglich benutzen, gibt es nichts Vergleichbares, worüber wir so wenig wissen.

Wissen Sie, was Geld ist? Woher das Geld kommt? Wer die Spielregeln festlegt? Und was Geld mit der Zukunft unseres Planeten zu tun hat?

Man fragt sich doch: Warum fehlt in diesem reichen Land plötzlich überall das Geld? Wo ist das viele Geld geblieben, das von Generationen erarbeitet wurde? Warum wird als Lösung für viele Probleme beharrlich nach immer weiterem Wirtschaftswachstum gerufen? Warum wird ignoriert, dass es in einer endlichen Welt kein unendliches Wachstum geben kann? Warum muss alles Handeln „wirtschaftlich" sein, obwohl das erkennbar zu Lasten von Mensch und Natur geht? Warum bleiben Wissenschaft und Politik Antworten auf diese Fragen schuldig?

Die Antwort ist, dass wir es hier mit einem der letzten Tabus zu tun haben, dass es, wenn wir auf diesem Planeten überleben wollen, zu brechen gilt. Das Geldsystem, das wir haben, ist dabei, das Leben auf dieser Erde, durch sein exponentielles, d.h. krebsartiges Wachstum zu ersticken.

In diesem Beitrag möchten wir versuchen zu erklären, was die weltweiten wirtschaftlichen, sozialen und ökologischen Probleme mit unserem derzeit akzeptierten Geldsystem zu tun haben, wie unser Geldsystem funktioniert, welcher „Konstruktionsfehler" die Entwicklung einer wirklich freien, sozialen und ökologischen Marktwirtschaft verhindert, und wie mögliche Lösungen aussehen, die in Deutschland bereits an einigen Orten praktiziert werden.

Unser Beitrag gliedert sich in drei Teile: Im ersten Teil wird Margrit Kennedy die Ergebnisse ihres Lernprozesses über die letzten 30 Jahre zum Thema Geld zusammenfassen. Im zweiten Teil wird Rolf Merten beschreiben, wie ein praktisches Beispiel, der „Regio", zustande kam und funktioniert. Und im dritten Teil werden wir zusammen einige Schlussfolgerungen formulieren.

Teil 1: Das Geldproblem und eine Lösung

Die Ursache von Wachstumszwang und Umverteilung

Technisch gesehen wären wir heute in der Lage, uns einen Menschheitstraum zu erfüllen: Wir könnten jedem Menschen auf dieser Welt alles zur Verfügung zu stellen, was er zum Leben braucht, und außerdem die unangenehmsten Arbeiten von Maschinen erledigen lassen. Was fehlt, ist das Geld.

Doch was ist Geld anderes als eine Vereinbarung unter Menschen, ein bestimmtes Medium als Tauschmittel zu akzeptieren und zu verwenden, seien es Papierscheine, Münzen, in manchen Teilen der Welt Muscheln, im Krieg Zigaretten? Haben wir uns womöglich mit unserem üblichen Verständnis vom Geld in ein Denkgefängnis verirrt?

Sieht man etwas genauer hin, so fehlt es uns ja auch gar nicht am Geld. Geld gibt es tatsächlich in Hülle und Fülle. Woran es tatsächlich mangelt, ist eine gerechte Verteilung des Geldes, und damit eine gerechte Verteilung des Zugangs zu den Ressourcen dieser Welt. Was die meisten Menschen nicht verstehen, ist, dass von den weltweit stattfindenden Geldtransaktionen sich heute nur zwei Prozent auf den realen Austausch von Gütern und Dienstleistungen beziehen. Dem stehen 98 Prozent der transferierten Summen gegenüber, die ausschließlich zu spekulativen Zwecken im Währungsbereich eingesetzt werden.

Meine Grundthese ist, dass dieser auf Dauer unhaltbare Zustand, sowie der permanente Wachstumszwang in der Wirtschaft und die mangelnde Verteilungsgerechtigkeit in unserer Gesellschaft aus dem Geldwesen selbst resultieren. Deshalb stehen für mich zwei Fragen im Vordergrund: Erstens, wie kann man den Wachstumszwang auf ein gesundes Maß verringern und die Verteilungsgerechtigkeit wiederherstellen? Und zweitens, welche Möglichkeiten gibt es, solche Ansätze auch praktisch umzusetzen?

Zunächst jedoch ein paar grundlegende Gedanken, ohne welche weder das Problem noch die Lösung noch der Vorschlag zur praktischen Umsetzung oder die Tabuisierung des Themas verständlich wären.

Ein Konstruktionsfehler im System: Der Zins

Das Geld, mit dem wir täglich umgehen, dient zwei gegensätzlichen Zwecken: Zum einen fungiert es als universelles Tauschmittel; es ist damit eine der genialsten Erfindungen der Menschheit und die Bedingung für eine funktionierende Arbeitsteilung, d.h. Grundlage jeder Zivilisation. Zum anderen kann es aber auch gehortet werden, und in dieser Eigenschaft kann es den Tausch verhindern. Hat jemand einen Sack Äpfel und ein anderer das Geld, diese Äpfel zu kaufen, so sind die Äpfel in wenigen Monaten faul, wohingegen das Geld nach wie vor denselben Wert hat. Die Unvergänglichkeit und die sogenannte „Joker“-Eigenschaft des Geldes (Geld ist für alles eintauschbar) stellen zugleich die Voraussetzungen für den Zins dar, den Geldbesitzer erheben können, ohne dafür einen Finger krümmen zu müssen.

Die Selbstverständlichkeit, mit der wir das Zinsen Nehmen und Zahlen heute akzeptieren, beruht aber auf drei grundlegenden Irrtümern:

1. Irrtum: Geld kann dauerhaft quantitativ wachsen

Es ist wichtig, zwischen drei verschiedenen Arten von Wachstumsmustern zu unterscheiden, die ganz unterschiedliche Folgen haben:

(1) Das erste Muster, dem sowohl unser menschlicher Körper als auch Pflanzen und Tiere im physischen Bereich folgen, könnte man als das „natürliche Wachstum“ bezeichnen: Wir wachsen recht schnell in den frühen Phasen unseres Lebens, dann langsamer und hören gewöhnlich mit dem körperlichen Wachstum ab einer optimalen Größe, etwa ab dem 21. Lebensjahr auf. Von diesem Zeitpunkt an, also die längste Zeit unseres Lebens, verändern wir uns mit allen unseren Subsystemen fast ausschließlich qualitativ und nicht mehr quantitativ. Die Biologen stellen diese Form des Wachstums als Kurve dar, die sie „Annäherungskurve“ nennen. Ich möchte sie als „qualitative Wachstumskurve“ bezeichnen.

(2) Das zweite Wachstumsmuster ist das mechanische oder „lineare“ Wachstum: Werden mehr Maschinen eingesetzt, produzieren sie auch mehr Güter; mehr Kohle produziert mehr Energie usw. Diese Form des Wachstums ist für meine weitere Analyse von geringer Bedeutung. Dennoch sei darauf hingewiesen, dass selbst eine solche kontinuierliche Leistungszunahme (symbolisiert z.B. im Logo der Deutschen Bank) auf unserer begrenzten Erde auf längere Sicht nicht durchzuhalten ist.

(3) Für meinen weiteren Gedankengang besonders wichtig ist hingegen das Verständnis des sogenannten „exponentiellen Wachstums“, das man als das genaue Gegenteil des natürlichen Wachstums bezeichnen könnte. Hier

ist die Wachstumskurve anfangs flach, wird dann aber immer steiler und geht schließlich in eine fast senkrecht ansteigende Linie über.

In der Natur ebenso wie im menschlichen Körper zeigt ein solches Wachstum gewöhnlich Krankheit an. Krebs z.B. folgt einem exponentiellen Wachstumsmuster: Zuerst wächst er langsam. Aus einer Zelle werden 2, daraus 4, 8, 16, 32, 64, 128, 256, 512 usw. Er wächst also immer schneller. Wenn die Krankheit schließlich entdeckt wird, hat sie oft eine Phase erreicht, in der sie nicht mehr gebremst werden kann. Ein solches exponentielles Wachstum endet gewöhnlich mit dem Tod des Organismus, in dem es stattfindet – meist auch mit dem Tod des „Gastes", da dieser sich durch die Vernichtung seines „Wirts" die Lebensgrundlage selbst entzieht. Das mangelnde Verständnis für die Probleme einer solchen Wachstumsform ist die folgenschwerste Fehlvorstellung im Hinblick auf die Funktion des Geldes, da sich auch Geldvermögen durch Zins und Zinseszins in regelmäßigen Zeitabständen verdoppeln, das heißt ein exponentielles Wachstumsverhalten aufweisen. Das erklärt, warum wir in der Vergangenheit – in regelmäßigen Zeitabschnitten, und auch gegenwärtig wieder – mit unserem Geldsystem gravierende Probleme haben, und unsere Wirtschaft von einem pathologischen Wachstumszwang beherrscht wird. Jeder Teilnehmer, der diesem Wachstumszwang zu entkommen sucht, landet gewöhnlich im Aus. Deswegen nutzen weder Appelle an die Menschheit insgesamt noch an Einzelne, wie z. B. die Leiter von internationalen Firmen oder Politiker: Solange wir dieses System nicht verändern, wird sich am „Konstruktionsfehler im Geldsystem" nichts verändern.

Das berühmte Beispiel vom Josephs-Pfennig zeigt, dass der Zins nur kurz- und mittelfristig, aber nicht langfristig funktionieren kann: Hätte Joseph zur Zeit von Christi Geburt einen Pfennig angelegt, und wäre dieser seither mit durchschnittlich fünf Prozent verzinst worden, wäre aus diesem Pfennig im Jahr 2012, gemessen am gültigen Goldpreis, der Wert von 39.331 Sonnen aus massivem Gold entstanden (http://www.grobauer.at/josefs-pfennig.php). Das zeigt, dass ein andauernder Zinsbezug zwar mathematisch rechenbar, faktisch aber unmöglich ist, weswegen der Zins in der Form, wie wir ihn kennen, langfristig nicht funktionieren kann.

Man könnte sagen, dass sich das Prinzip von Zins und Zinseszins wie ein Krebsgeschwür in unserem Wirtschaftssystem und somit auch in unserem gesellschaftlichen ‚Organismus' verhält. Das System muss früher oder später zusammenbrechen. Der Zeitraum bis zum Kollaps beträgt bei Zinsraten von 20 bis 40 Prozent, wie wir sie aus Lateinamerika kennen, erfahrungsgemäß etwa zehn bis 15 Jahre, bei Zinsraten, wie sie in Europa üblich sind, etwa 50 bis 60 Jahre. Und genau an diesem Zeitpunkt sind wir jetzt, siebenundsechzig Jahre nach dem Ende des zweiten Weltkriegs, angelangt.

Könnten wir aber ein gesundes, der natürlichen Wachstumskurve folgendes Geldsystem einführen, würde ein von Ökologen und Ökonomen seit Langem gefordertes Nullwachstum bzw. ein qualitatives Wachstum überhaupt erst möglich.

2. Irrtum: Wir zahlen Zinsen nur, wenn wir uns Geld leihen

Der zweite Irrtum besteht in der Annahme, dass wir Zinsen nur dann zu zahlen hätten, wenn wir Geld bei einer Bank oder anderswo leihen. Das ist freilich nicht der Fall, denn in jedem Preis, den wir für eine Ware entrichten, ist ein Zinsanteil enthalten. Ich spreche von jenem Zins, den die Produzenten der Güter und Dienstleistungen an ihre Bank zahlen müssen, um Maschinen und Geräte anzuschaffen und zu finanzieren. Bei den Müllgebühren zum Beispiel liegt dieser Zinsanteil bei etwa zwölf Prozent, beim Trinkwasserpreis bei 38 Prozent und bei der Miete im sozialen Wohnungsbau erreicht der Zinsanteil sogar 77 Prozent. Im Durchschnitt sind vierzig Prozent Zinsen oder Kapitalkosten in allen Preisen für Waren und Dienstleistungen enthalten, die wir zum täglichen Leben benötigen (Creutz 1993/2001). Würde der Zins durch ein anderes System ersetzt, könnten die meisten von uns ihre Einkünfte fast verdoppeln oder entsprechend weniger arbeiten, um denselben Lebensstandard zu genießen.

3. Irrtum: Der Zins ist eine gerechte Gebühr oder Prämie für die Überlassung von Liquidität

Der dritte Irrtum ist der Glaube, dass der Zins eine durchaus gerechte Gebühr sei, da er gleichermaßen von jeder und jedem in allen Preisen bezahlt werden muss und jede bzw. jeder auf seine Spareinlagen auch Zinsen gutgeschrieben bekommt. Nur wenige verstehen, in welchem Ausmaß der Zins- und Zinseszinseffekt für eine ständige Umverteilung des Geldes sorgt, indem er von denjenigen, die für ihr Einkommen arbeiten müssen, hin zu denen fließt, die ihr Geld für sich ‚arbeiten' lassen können, und dadurch ein Einkommen ohne Leistung erzielen.

Aber haben Sie schon einmal Geld ‚arbeiten' sehen? Für jeden Euro an Zinsen, den irgendjemand erhält, muss ein anderer einen Gegenwert erarbeitet haben, nur dann ist oder bleibt unser Geld etwas wert.

Unterteilt man nun die deutschen Haushalte in zehn gleiche Gruppen, so zeigt sich, dass 80 Prozent der Haushalte über ihre Lebenshaltungskosten fast doppelt so viel Zinsen bezahlen wie sie über Spareinlagen, Versicherungen oder Bezüge im Alter einnehmen. Bei zehn Prozent sind die Einnahmen und Ausgaben bezüglich der Zinsen in etwa ausgeglichen, und die restlichen zehn Prozent der Bevölkerung nehmen das Geld ein, das die große Mehrheit über den Zins verliert. Das heißt, die ‚Gerechtigkeit', dass wir alle Zinsen über Sparverträge und Geldanlagen zurückbekommen, stellt sich bei näherem Hinsehen als trügerisch heraus. Erst bei Verzinsung von Werten über 500.000 Euro können diejenigen, die diese Anlagen besitzen, von diesem System profitieren. Im Jahr 2011 betrug die Summe die von der großen Mehrheit der in Deutschland lebenden Menschen hin zu einer kleinen Minderheit an Zinsen täglich umverteilt wurde, 600.000.000 Euro.

Während die Mehrheit der Bevölkerung ständig Geld verliert, profitieren Banken, Versicherungen und multinationale Konzerne vom Zinssystem. Von daher bestehen – im Gegensatz zur Meinung linker Parteien – geringere Interessengegensätze zwischen Unternehmern und Beschäftigten als zwischen denjenigen, die für ihre Einkünfte arbeiten müssen, und denen, die im großen Maße ohne Arbeit Einkünfte beziehen. Der folgenreichste Verlust für die Gesellschaft, besonders für den Arbeitsmarkt, betrifft mittelständische Betriebe. Sie verdienen ihr Geld durch Arbeit und nicht durch Geldanlagen, und werden von Banken und großen Unternehmen, die aus ihren Geldanlagen die meisten Gewinne erzielen, im Lauf der Zeit aufgekauft. Damit werden nicht nur viele Arbeitsplätze vernichtet, sondern es wird auch die Monopolbildung gefördert, die man offiziell (durch das Kartellamt) zwar zu verhindern sucht, die aber durch die Wirkungsweise unseres Geldsystems gar nicht verhindert werden kann.

Im Kräfte-‚Spiel' der Marktwirtschaft wirkt der Zins folglich so: Die Mitspieler (Wirtschaftsakteure) werden durch Zinskosten bestraft; die Spielverderber, die ihr Geld in der Kasse halten können, werden durch Zinseinnahmen belohnt. Der Zins ermöglicht auf diese Weise – im Widerspruch zum viel zitierten Anspruch auf Leistung in einer „Leistungsgesellschaft" – ein Einkommen *ohne* Leistung. Er führt darüber hinaus zu einem pathologischen (krankhaften) Wirtschaftswachstum sowie zu einer Verschärfung der ungleichen Einkommensverteilung.

Die Gründe für die heutigen Probleme des Bankensektors und Finanzsystems und die wachsende Polarisierung der Gesellschaft durch die Umverteilung des Reichtums sind jedoch nicht, wie immer wieder behauptet wird, fehlende soziale Gesetze oder die Korruption der jeweiligen Entscheidungsträger in Politik und Wirtschaft. Diese Faktoren kommen zwar erschwerend hinzu. Was aber nur wenigen bekannt ist und – weil tabuisiert – selten öffentlich diskutiert wird, sind die wesentlichen Ursachen, die in der Funktionsweise unseres Geldsystems liegen. Diese Tatsache wird von Ökonomen und Politikern in öffentlichen Diskussionen regelmäßig übergangen, verschwiegen bzw. als „normal" akzeptiert. Das heißt, es werden die wirklichen Wurzeln unserer sozialen Polarisierung und wirtschaftlichen Probleme sowohl von der Politik wie auch der Wissenschaft tabuisiert. Wer im Geldbereich arbeiten will als Ökonom oder Banker, muss den Zins als Arbeitsgrundlage zuerst einmal akzeptieren, sonst verliert er seine Anstellung, sein Einkommen und seinen Ruf.

Die Lösung: Eine Bereitstellungsgebühr statt Zins

Seit 1916 liegt eine Lösung vor, die nicht nur verblüffend einfach und elegant, sondern darüber hinaus praktikabel und leicht verständlich ist. Entdeckt und erstmals publiziert wurde diese Lösung bereits von dem deutsch-argentinischen Kaufmann Silvio Gesell (1949/1991), dessen „Natürliche Wirtschaftsordnung" sich zum bisherigen Geldsystem etwa so verhält wie das kopernikanische Weltbild zum ptolemäischen.

Statt Zins zu zahlen, schlägt Gesell vor, eine „Bereitstellungsgebühr" zu erheben, um den Umlauf des Geldes zu sichern: Wer sein Geld nicht ausgibt oder es über sein Girokonto anderen zur Verfügung stellt, wird mit einer kleinen Gebühr ‚bestraft'. Dabei wird – ähnlich wie im heutigen System – ein Anreiz geschaffen das Geld weiterzugeben, dadurch dass Bargeld (mit -6%), Giralgeld (mit -3%) und Geld auf Sparkonten (mit +/-0%) unterschiedlich hoch „belastet" werden.

Das Zurückhalten von Bargeld kann auf verschiedene Weise verhindert werden, zum Beispiel dadurch, dass es entweder Farbserien von Geldscheinen gibt, die einmal im Jahr (6%) oder kontinuierlich (monatlich 0,5%) entwertet oder mit Ablaufdaten (ähnlich wie Lebensmittel) versehen werden. Doch wird sich dies bei zunehmend bargeldlosen Transaktionen (z. B. über Chipkarten, die verschiedene Zahlungsfunktionen aufnehmen können) wesentlich einfacher gestalten. Während auf dem Girokonto das Geld einer geringeren Nutzungsgebühr unterliegt (weil es ja, wie heute bereits der Fall, von der Bank zumindest teilweise wieder verliehen werden kann), wird das Geld auf dem Sparkonto nicht belastet, weil es voll und ganz wieder in Umlauf gebracht werden kann. Es kann damit auch seinen Wert behalten, denn ohne exponentiell steigende Ansprüche an Spareinlagen kann längerfristig gesehen auch die Inflation entfallen und damit wird eine von den vielen systembedingten Unsicherheiten, die einen jeden betreffen, endlich abgeschafft.

Vom Kreditnehmer wird nur noch die Bezahlung der Arbeit der Bank und eine Risikoprämie verlangt, beides Gebühren, die auch heute in jedem Kredit als kleiner Anteil enthalten sind. Sie betragen meist nicht mehr als 2 bis 2,5% der Zinskosten.

Das Geld wird damit weitgehend auf seine Funktion als Tauschmittel beschränkt. Es dient aber auch als stabiler Wertspeicher. Es ändert sich an den heutigen Gepflogenheiten kaum etwas. Hat man mehr Geld als man braucht, bringt man es zur Bank, die es verleiht und somit wieder in Umlauf bringt, und damit entfällt die Nutzungsgebühr. Das heißt, der Anreiz zum Sparen bliebe bestehen.

Das Wichtigste, was in dem neuen System entfällt, sind die exponentiell wachsenden Ansprüche auf Spareinlagen und damit die Verzerrung des Marktgeschehens durch die einseitige Akkumulation von Geld in den Händen von wenigen. War die Wirtschaft bisher vom Kapital abhängig (Hans-Martin Schleyer hat einmal gesagt: „Kapital muss bedient werden!"), so muss sich das Geld jetzt dem Bedarf der Wirtschaft anbieten, um einem Verlust zu entgehen. Das heißt, das Kapital dient den Menschen. Damit wird eine nachhaltige Wirtschaft und ein nachhaltiger Wohlstand möglich, denn das Geldsystem folgt der natürlichen Wachstumskurve, weil es ab einer optimalen Größe aufhört, quantitativ zu wachsen, und damit qualitatives Wachstum zulässt.

Das Ergebnis kann sich sehen lassen: Legen wir ein Durchschnittseinkommen von 30.000 Euro pro Familie und Jahr in Deutschland zugrunde und nehmen an, diese Summe würde vollständig ausgegeben, so ergibt sich bei 40% Zinskosten, die in allen Preisen enthalten sind, ein Zinsanteil von 12.000 Euro, den diese Familie im Jahr entrichtet (ohne sich dessen bewusst zu sein). Die Gegenrechnung, die sich für ein zinsfreies System ergeben würde, sieht im Unterschied dazu so aus: Addiert man zu den durchschnittlichen Kosten der Bereitstellungsgebühr die Kosten der Bank und die Risikoprämie in den Preisen hinzu, kommt man bei konservativer Schätzung – nur auf etwa die Hälfte, also Euro 6.000. Benutzt man sogar ein nachhaltiges

Spar- und Leihmodell wie das schwedische JAK-System (Kennedy 2012, S. 37-45), kommt man auf ganze 3.000 Euro.

Das heißt, es würden sich große finanzielle Vorteile für die 80 Prozent der Bevölkerung ergeben, die im heutigen System draufzahlen. Es würde sich aber auch ein großer Vorteil für die Gewinner im heutigen System ergeben, denn es könnte endlich ein nachhaltiges, stabiles System entstehen, in dem ihre bisherigen Gewinne nicht gefährdet sind. Wie dann mit dem entstandenen Ungleichgewicht umgegangen wird, ist eine zweite Frage, die z. B. wie nach dem Ende des 2. Weltkriegs – als einige Hab und Gut gerettet, andere aber alles verloren hatten – durch einen Lastenausgleich gelöst werden kann.

Eine solche Veränderung könnte das Ende des Wachstumszwangs für alle bedeuten: Statt mehr Konsum, mehr Lebensqualität; statt mehr Zeitknappheit, mehr Muße. Vielleicht hat man wieder Zeit für die Großeltern und die Kinder, für Kunst und Kultur als integralem Bestandteil eines jeden Menschenlebens. Vielleicht würden wir statt Einsparungen in sozialen Einrichtungen und im Bildungssektor den *Ausbau* dieser Sektoren erleben. Und all dies, weil der Druck des zum exponentiellen Wachstum verpflichteten Geldes auf die Wirtschaft und damit auf die Menschen nachließe.

Die historischen Perioden, in denen es ein umlaufgesichertes Geld gab, beweisen, dass die Menschen ein anderes Verhältnis zu Kultur, Kunst und Zeit hatten. Das Brakteaten-Geld des Hohen Mittelalters z. B. war eine Grundlage für die Entstehung der großartigen Kathedralen, die wir heute noch bewundern. Ihr Bau diente auch als Arbeitsbeschaffungsprogramm, von dem man, als er begonnen wurde, wusste, dass er bis zur Fertigstellung zweihundert Jahre andauern würde. Heute muss sich das Geld in drei bis fünf Jahren „amortisieren", sonst wird es erst gar nicht investiert.

Wenn wir diese neue Geldordnung einführen würden, gäbe es für die meisten viel zu gewinnen, aber nichts zu verlieren. In Verbindung mit einer neuen Bodenordnung, die den Mehrwert des Bodens den Kindern und den Menschen, die sie betreuen, zur Verfügung stellt (vgl. Kennedy, 2006), könnten zwei der wesentlichen Ursachen für Armut und die wachsende Kluft zwischen Arm und Reich beseitigt werden.

Umsetzung auf regionaler Ebene

Wie könnte man nun ein dauerhaftes, stabiles und umlaufgesichertes Geldsystem einführen und praktisch erproben, und zwar in einer Größenordnung, die zählt? Die *lokale* Ebene erscheint zu klein: Bei den Tauschringen etwa, die es ja heute schon als alternative Verrechnungssysteme gibt, sind die Transaktionskosten bzw. die Zeit, die man braucht, bis man ein gewünschtes Produkt oder eine Dienstleistung hat, in der Regel zu hoch, um dieser Lösung zum Erfolg in großem Umfang zu verhelfen.

Auf der *nationalen* Ebene haben wir die Deutsche Mark gerade zu Gunsten einer europäischen Währung aufgegeben. Die D-Mark wieder einführen zu wollen, würde von vielen als Rückschritt betrachtet und würde darüber hinaus nicht den Bezug zu einer Größenordnung herstellen, der dem Einzelnen überschaubar und beeinflussbar erscheint. Die Euro-Einführung ist in diesem Zusammenhang positiv und negativ zugleich: Positiv, weil die Spekulation zwischen europäischen Währungen ein Ende hat. Negativ, weil es schwierig ist, gezielt auf spezifische nationale Situationen, Entwicklungen und Ereignisse zu reagieren.

Was bleibt, ist die *regionale* Ebene. Derjenige Anteil des wirtschaftlichen Austauschs, der *innerhalb* einer bestimmten Region stattfindet, könnte auch über ein regionales und umlaufgesichertes Tauschmittel abgewickelt werden, das den Euro ergänzt, wodurch der Austausch in der Region belebt würde. Es gibt selbstverständlich Unterschiede, inwieweit sich einzelne Regionen für eine solche Lösung eignen. In einer Region mit großer Produktionsvielfalt ist die wirtschaftliche Autonomie höher. Damit ist sie besser für eine solche Lösung geeignet als eine Region mit einem dominierenden Arbeitgeber, wo die meisten Menschen in derselben Fabrik arbeiten.

Es gibt nur wenige Untersuchungen und Daten bzw. Erfahrungswerte, auf die wir uns hier stützen können, weil auch das, was wir jeweils als eine „Region“ bezeichnen, erst mit der Verwendung einer neuen Währung entsteht. Denn die Grenzen einer Region sind abhängig von dem mehrheitlichen Willen der Bewohner/Innen, die regionale Währung einzuführen. Denn dazu kann und sollte natürlich niemand gezwungen werden. Und die Bereitschaft mitzumachen, kann von geographischen, aber auch von wirtschaftlichen, kulturellen oder geschichtlichen Zusammenhängen beeinflusst sein.

Grundsätzlich erlaubt eine komplementäre Regionalwährung jedoch zum ersten Mal seit der Einführung nationaler Währungen im 19. Jahrhundert, die in der Region produzierten Güter und Dienstleistungen bevorzugt einzukaufen und damit gezielt zu fördern.

Gerade für den Mittelstand, der die meisten Arbeitsplätze schafft, und in dem das Geld in der Produktion und nicht primär durch Geldgeschäfte verdient wird, eröffnen sich durch regionale Währungen neue Perspektiven des wirtschaftlichen Wachstums. Ein Arbeitsplatz für regionale Produkte kostet nur einen Bruchteil von dem, was Arbeitsplätze kosten, die für den internationalen Markt produzieren. Regionale Banken, die in Zusammenarbeit mit den Kommunen in einer Region zukünftig eine regionale Währung in ihrem Produktportfolio anbieten, können damit rechnen, dass sie damit eine neue Quelle von nachhaltigem Wohlstand für die Region erschließen.

Ein erstes Ziel ist, einen anderen Umgang mit einem neuen Zahlungsmittel praktisch erlebbar und nachvollziehbar zu machen und dabei zu testen, ob das Modell einer stabilen, umlaufgesicherten Währung in diesem Rahmen funktioniert. Regionalwährungen sind aber noch aus vielen anderen Gründen sinnvoll: Sie können die dezentrale Versorgung mit allem Lebensnotwendigen wie Lebensmitteln, Wasser und Energie fördern; sie helfen zudem, Transportkosten zu reduzieren, und erleichtern die Einführung von „Minimierten Produktionsstätten" (vgl. Bergmann 2004). Schließlich unterstützen sie die Übernahme von politischer Verantwortung.

Komponenten einer vollständigen regionalen Währung

Um dieses Ziel zu erreichen, muss die Regionalwährung nicht nur legal, sondern sie sollte realistischer Weise auch in Phasen einführbar sein und in der Bevölkerung schnell Vertrauen gewinnen können. Dies alles ist – nach dem heutigen Stand des Wissens und der Erfahrungen mit komplementären Währungen sowie der bestehenden Rechtslage – in Deutschland durch die Integration verschiedener Teilmodelle in ein Gesamtmodell möglich. Demnach sind drei Komponenten miteinander zu verbinden:

1. Ein Gutschein-System, welches als regionales Zahlungsmittel eingesetzt werden kann. Dieses Modell gibt es in etwa 30 Regionalwährungen, die seit 2004 in Deutschland entstanden sind.

2. Ein Kooperations-Ring, der als bargeldloses Verrechnungs- und Kreditsystem zum Austausch von Waren und Dienstleistungen funktioniert, schwerpunktmäßig zwischen gewerblichen Teilnehmern. Ein solcher Ring erhöht die Liquidität von kleinen und mittleren Unternehmen (KMUs) und bietet den Bewohnern einer Region die Möglichkeit, ihre Leistungen miteinander zu verrechnen. Ein gut funktionierendes Beispiel dieser Art gibt es seit über siebzig Jahren mit dem Schweizer WIR-Ring.

3. Eine Mitglieds-Bank, die nach dem Grundsatz eines Spar- und Kreditmodells arbeitet. Mitglieder erhalten zinslose Darlehen, die gleichzeitig mit

einem Sparplan verbunden sind. Diese Bank könnte analog zur JAK-Bank (Kennedy, 2012) in Schweden arbeiten, die seit über vierzig Jahren langsam aber sicher wächst.

Die Kombination dieser drei Elemente ermöglicht es, fast alle Geld-Funktionen zu erfüllen. Das Gutschein-System wird ähnlich dem Bargeld für die Zahlung kleinerer Beträge des täglichen Lebens verwendet. Der Kooperations-Ring erlaubt die bargeldlose Verrechnung für den Austausch von Gütern und Dienstleistung, sowie die Einräumung von Kreditlinien zwischen Individuen und zwischen kleinen und mittleren Unternehmen. Die Mitgliedsbank dient der Kreditgewährung und Verwaltung wertstabiler Spareinlagen – sowohl in Euro wie auch in der Regionalwährung – für Einzelne und Unternehmen.

Ein solches Konzept hat mehrere Vorteile: Alle Teilmodelle sind getrennt einführbar, gemeinsam werden jedoch viele Synergie-Effekte möglich. Außerdem genießen alle drei Elemente dadurch Vertrauen, dass sie z.Z. in Europa schon erfolgreich eingeführt werden bzw. bereits seit vielen Jahren funktionieren und erprobt sind.

Da die beiden Teilmodelle Kooperationsring und Mitgliedsbank seit vielen Jahren bekannt sind, werde ich im Folgenden nur die Unterschiede zwischen Euro und „Regio“ und das Gutscheinsystem näher beschreiben.

Unterschiede zwischen Euro und „Regio“

Um die Andersartigkeit einer regionalen Währung im Vergleich zum Euro verständlich zu machen, haben wir nach einem anderen Namen für die komplementäre Regionalwährung gesucht, der gleichzeitig den Bezug zur Region herstellt. In Abstimmung mit dem 2004 in Prien gegründeten Regio-Netzwerk schlagen wir die Bezeichnung „*Regio*“ vor.

Im Gegensatz zum Euro ist der *Regio*

- kein offizielles Zahlungsmittel, d. h., er steht nicht unter Annahmezwang, seine Annahme erfolgt nur freiwillig;
- nur geographisch begrenzt einsetzbar und trägt in jeder Region eine jeweils eigene Bezeichnung;
- beim Umtausch in andere Regionalwährungen oder in die Landeswährung verursacht er eine Umtauschgebühr;
- kein Zahlungsmittel, mit dem sich Zinsen verdienen lassen.

Diese Charakteristika machen den *Regio* innerhalb seines Gültigkeitsbereichs ‚beweglicher' als den Euro, denn wer ihn besitzt, muss bestrebt sein, ihn möglichst bald auszugeben. Und genau das ist beabsichtigt, denn dadurch wird die (regionale) Tauschfunktion des *Regio* optimiert.

Im Unterschied dazu eignet sich der Euro besser für den internationalen Austausch und Wettbewerb sowie für die Akkumulation und Umverteilung von Vermögen mit Hilfe von Spareinlagen oder Geldinvestitionen, die mit dem Anspruch auf exponentiell wachsende Zinsen oder Dividenden verknüpft sind.

Der *Regio* ist sozusagen eine Marke, die eine bestimmte Qualität haben und vielleicht sogar garantieren soll.

Teil 2: Ein praktisches Beispiel – Der Regio

Ausgehend von der Bürgerinitiative „Agenda 21" im Landkreis Bad Tölz-Wolfratshausen in Oberbayern, die – angestoßen durch die Konferenz der Vereinten Nationen für Umwelt und Entwicklung im Juni 1992 in Rio de Janeiro – eine nachhaltige ökologische, soziale und ökonomische Entwicklung anstrebt, wurde im Jahr 2004 das Projekt „*Regio im Oberland*" in Angriff genommen.

Der *Regio* im Oberland ergänzt den Euro in einem Wirtschaftsraum mit etwa 250.000 Einwohnern. Dieser Raum umfasst das Gebiet und das Umfeld der Landkreise von Bad Tölz-Wolfratshausen, Miesbach, Starnberg, Weilheim, Garmisch-Partenkirchen sowie München-Land und wird vielfältig als „Oberland" bezeichnet. Es existiert bereits eine positive Identifikation mit diesem Begriff durch eine Wirtschaftsvereinigung im Oberland sowie durch die Oberland-Werkstätten, eine Einrichtung der Lebenshilfe, in der behinderte Erwachsene arbeiten und betreut werden. Diese positiven Komponenten wurden von der Initiativgruppe aufgenommen, weshalb die Bezeichnung „*Regio im Oberland*" für das komplementäre Zahlungsmittel gewählt wurde.

Der *Regio im Oberland* war bei seinem Start die zehnte Regionalwährung, die eingeführt wurde. Entstanden ist diese Initiative zunächst aus der Aktivität einer Einzelperson; es kam zur Gründung einer kleinen Gruppe aktiver Mitstreiter die sich im Rahmen des Agenda 21-Prozesses im Landkreis Bad Tölz-Wolfratshausen bildete. Im Mai 2004 gründete sich aus dieser Gruppe heraus der Verein „Oberland Regional – Verein für nachhaltige Wirtschaftskreisläufe". Der Verein bietet die organisatorische Grundlage für die Herausgabe des *Regio im Oberland*. Zu den glücklichen Umständen der Initiative ist zu zählen, dass sie nicht nur einen Computer-Spezialisten in ihren Reihen zählte, der sogleich ein ausgezeichnetes Internetportal schuf, sondern auch einen Designer, der bei der grafischen Gestaltung und Umsetzung des Regio-Konzeptes unschätzbare Dienste leistete. Ein weiterer Vorteil liegt in der Beteiligung eines Bankmitarbeiters, der die gesamte Buchführung leistet, und darin, dass der Mitautor dieses Artikels, der in der Initiative mitarbeitet, seit 30 Jahren eine große Einrichtung der Kinder- und Jugendhilfe in der Region als Geschäftsführer führt und als eine vertrauenswürdige Person in der Öffentlichkeit bekannt ist. Außerdem war es sehr vorteilhaft, dass sich von Anfang an eine wirtschaftlich selbstständige Raiffeisenbank an dem Projekt beteiligte. Eine Anzahl engagierter weiterer Mitstreiter war beim Durchdenken und Aufbau der notwendigen Strukturen hilfreich.

Nach ersten Erfahrungen mit dem Regio im Oberland wurde dieser 2006 entsprechend den Landkreisgrenzen umbenannt. Heute gibt es den Regio in München, den Regio in Bad Tölz-Wolfratshausen, den Regio in Starnberg, den Regio in Misbach, den Regio in Weilheim-Schongau und den Regio in Garmisch-Partenkirchen. Die unterschiedlichen Regioscheine entsprechen den Münzen in der Eurowährung. Sie sind vom Aussehen identisch, abgesehen von der jeweiligen örtlichen Zuordnung die durch einen Zusatzaufdruck kenntlich gemacht wird. So wurde die Dachmarke „Regio" zur allgemeinen Kennzeichnung. Auf diese Weise ist ein Regiosystem entstanden welches sich in einfacher Weise deutschlandweit und darüber hinaus als ein wiedererkennbares Parallelwährungsstystem etablieren lässt. 2010 wurde der Verein in „Der Regio – e.V." umbenannt und die Gemeinnützigkeit erlangt.

Zur Funktion des Regio

Zum 1.1.2005 gingen wir mit *Regio*-Scheinen im Wert von 5, 10 und 20 *Regio* an den Start. Ihr Wert ist 1:1 an den Euro gebunden; das heißt, dass für eine Summe Euros eine gleichgroße Summe *Regios* eingetauscht werden kann. Die Umlaufgebühr beträgt im Jahr bei den 10- und 20-er Scheinen 10% (bei den 5-er Scheinen 8%). Die Umlaufsicherung ist durch Wertmarken einmal im Quartal in Höhe von je 2,5% (bzw. 2%) auf die *Regio*-Scheine aufzubringen. Die Wertmarken werden in Blocks von je vier Wertmarken vom Verein neben den *Regio*-Scheinen ausgegeben. Als Block von vier Marken ergeben sie Wertmarkenblöcke in den Werten: 2 *Regio* (= 2 Euro),

1 *Regio* (= 1 Euro) und 0,4 *Regio* (= –,40 Eurocent). Diese Wertmarkenblöcke ergänzen die drei *Regio*-Scheine, sodass insgesamt sechs Zahlungsmitteleinheiten im Wert von –,40, 1, 2, 5, 10 und 20 Regios zirkulieren. Von den Wertmarkenblöcken kann bei Bedarf je eine Marke entnommen werden, um auf den entsprechenden *Regio*-Scheinen aufgebracht zu werden. So wird die Umlaufsicherung gewährleistet. Will ein am *Regio* teilnehmendes Unternehmen oder eine Einzelperson aus dem *Regio*-Bereich wieder in den Euro-Bereich wechseln, wird eine Rücktauschgebühr von 5% erhoben. Diese Rücktauschgebühr trägt dazu bei, eine Motivation zu schaffen, nach Möglichkeit im *Regio*-System zu verbleiben und sich kreativ am Prozess zu beteiligen, neue Verwendungsmöglichkeiten für den *Regio*-Bereich zu erschließen.

Die *Regio*-Scheine, die ein Jahr Gültigkeit haben, werden zum Jahresende gegen neue Scheine eingetauscht, wobei – wie bei einem Quartalswechsel – eine Wertmarke in Höhe von 2,5 (bzw. 2%) auf die neuen Scheine aufzubringen ist. Am 1.1.2006 haben wir als zusätzliche Möglichkeit eingeführt, dass über Sponsoren bereits alle vier Marken für ein Jahr auf einen Schein aufgebracht werden können; dies ist verbunden mit einem Aufkleber, der als Werbeträger dient. Für diese Werbefläche wird pro Serie von drei Scheinen, nämlich 5-er, 10-er und 20-er Schein eine Gebühr von zehn Euro erhoben.

Die *Regio*-Scheine verfügen über einige Sicherheitsmerkmale wie Prägung, Farbkombinationen, die nur schwer zu kopieren sind, Original-Unterschriften von zwei Vereinsmitgliedern, fortlaufende Seriennummern und einen Jahresstempel.

In organisatorischer Hinsicht haben wir den Regio entsprechend der Landkreisgrenzen in verschiedene kleinere Regionen aufgeteilt. Ein Vereinsmitglied fungiert als jeweiliger Regionalbeauftragter in seiner Region. Seine Aufgabe besteht darin, die notwendige Kommunikation zwischen dem Verein und dem Regionalteam, welches in jeder Region gebildet wird, aufrechtzuerhalten und den Prozess der Etablierung der Regionalwährung zu steuern. In jeder Region gibt es Ausgabestellen, an denen *Regios* gegen Euros eingetauscht werden können, und zwar sowohl bei den Regionalbeauftragten, bei einer Bank, in Geschäften oder bei privaten Personen. Zurzeit gibt es über 200 Akzeptanzstellen im Gesamtgebiet, welche die *Regio*-Gutscheinwährung als Zahlungsmittel akzeptieren. Darunter befinden sich Architekten, Ärzte, Banken, Behindertenarbeitsstätten, Cafés, Computerfachgeschäfte, Druckereien, Elektriker, Energieberater, Friseurgeschäfte, Gaststätten, Getränkeläden, Heilpraktikerinnen, Jugendhilfeeinrichtungen, Kunstgeschäfte, Lebensmittelgeschäfte, Möbelhersteller, Psychotherapeuten etc.

Alle Akzeptanzstellen sind Mitglieder im Verein; sie bezahlen eine einmalige Aufnahmegebühr von 100 Euro sowie eine Jahresgebühr von 60 Euro. Als Dienstleistung erhalten sie nicht nur regelmäßige Informationen und Beratung bei der Erhaltung bzw. Wiederherstellung regionaler Einkaufs- und Vertriebsmöglichkeiten, sondern auch einen Internetauftritt. Seit dem 1.1.2006 hat die Initiative eine bisher weitgehend ehrenamtlich tätige Geschäftsführerin, die sich mit großer Kraft dem weiteren Aufbau des *Regio* widmet. Es wurden bereits mehrere Facharbeiten an Gymnasien erarbeitet; eine vergleicht verschiedene Regio-Initiativen, eine andere analysiert regionale Wirtschaftskreisläufe am Beispiel einer Gemeinde mit 4.500 Einwohnern.

Erfahrungen in der ersten Phase

Wir sehen uns in der ersten Phase des *Regio*-Aufbaus, in der die Bewusstseinsbildung ganz im Zentrum der Aktivitäten steht. In verschiedenen Informationsveranstaltungen wurde erreicht, dass aus einer zunächst belächelten Initiative eine ernst genommene Kraft wurde. Die Presse prophezeite den Initiatoren zunächst einen ‚Rohrkrepierer', aber heute stehen nicht nur der stellvertretende Landrat und verschiedene Bürgermeister, Kommunalpolitiker und eine Bank hinter dem Projekt; auch Wirtschaftsförderer und Wirtschaftsverbände sowie kirchliche Kreise und Vorstände von Vereinen und Verbänden zeigen deutlich ihre Sympathie. Der *Regio* ist inzwischen vielen bekannt, und auch die Presse begleitet ihn überwiegend mit wohlwollendem Interesse. Es ist festzustellen, dass die Zustimmung quer steht zu allen parteipolitischen Bindungen. Es gibt politisch Interessierte und nahestehende Unterstützer aus verschiedenen Parteien. Eine Gemeinde scheiterte mit ihrem Bemühen, den *Regio* als Zahlungsmittel in der Gemeinde akzeptieren zu wollen, an Bestimmungen und Kontrollbehörden, die diese (bislang noch) untersagen. Der Kreis der Unterstützer wächst. So haben wir im Verein zur Zeit 200 Mitglieder. Eine Wirtschaftswissenschaftlerin mit Professur an einer renommierten Hochschule in München steht ebenso hinter der Initiative wie große Teile des Agenda-Prozesses im Landkreis.

Natürlich gibt es auch etliche Skeptiker. Sie stellen sich jedoch kaum einmal im Grundsatz gegen den *Regio,* sondern richten ihre Zweifel überwiegend gegen die Umständlichkeit des Klebens von Wertmarken und glauben nicht daran, dass große Teile der Bevölkerung gewonnen werden können, den *Regio* zu benutzen.

Da der bargeldlose Zahlungsverkehr, insbesondere bei großen Beträgen, inzwischen selbstverständlich ist, sind wir dabei, mit zwei weiteren Initiativen aus benachbarten Regionen, nämlich der Chiemgauer Initiative, die den *Chiemgauer* herausgibt, und der Berchtesgadener Initiative, die den *Sterntaler* herausgibt, gemeinsam ein bargeldloses, auf *Regio*-Karten gestütztes System umzusetzen. Auf diesem Weg ist es möglich in bargeldloser Zahlungswiese in einer erweiterten Region den Austausch von Waren und Dienstleistungen abzuwickeln.

Die weitere Entwicklung

Im ersten Jahr war mit einem durchschnittlichen Umlauf von 3.000 *Regio* zwar nur eine relativ geringe Menge *Regios* im Umlauf, jedoch wurden auf der Ebene der Bewusstseinsbildung und des Aufbaus eines stabilen Unterstützerkreises erhebliche Fortschritte gemacht. So wächst unsere Initiative zwar bisher langsam, jedoch, wie mir scheint, solide und nachhaltig. Heute sind im Jahresdurchschnitt bis zu 30.000,- Regios im Umlauf. Die Perspektiven erscheinen mir als sehr günstig. Ich habe in der Anfangsphase immer das Bild verwendet, dass unser Vorhaben der Situation gleicht, eine schwere Lokomotive mit reiner Muskelkraft ins Laufen zu bringen; heute würde ich meinen, die Lokomotive ist dabei, mit kleinstmöglicher Geschwindigkeit rund zu laufen und nicht nur weiter zu ruckeln. Der nächste Schritt, die Geschwindigkeit etwas zu erhöhen, braucht lange nicht mehr den Aufwand, wie die Erstbewegung, da der Widerstand geringer wird. Dazu sind wir als Initiativgruppe inzwischen an der Aufgabe gewachsen. Es entwickelt sich eine gute Arbeitsteilung, und wir verfügen, um es einmal paradox auszudrücken, mit unserer Geschäftsführerin über die nötige *manpower*.

Als *Regio*-Initiative sind wir am *Regio*-Netzwerk beteiligt; dieses ist ein Zusammenschluss von über 50 Initiativen in Deutschland, die alle im Begriff sind, Regionalwährungen vorzubereiten oder bereits herausgegeben haben. Die Beteiligung am *Regio*-Netzwerk bedeutet zwar einerseits zusätzlichen Zeit- und Energieaufwand, bringt jedoch andererseits auch einen großen Nutzen, weil in der Synergie der verschiedenen Projekte nicht alles eigenständig neu aufgebaut werden muss. Hier können wir nicht nur auf die Erfahrung anderer zurückgreifen, sondern auch auf bereits bestehende Papiere, Flyer, Computer-Programme, Vorträge und vieles mehr; dieses Material wird im *Regio*-Netzwerk großzügig ausgetauscht. Zum Netzwerk gehören auch sogenannte Kompetenzteams, in denen sich beispielsweise Banker, Juristen oder Wirtschaftswissenschaftler zusammengeschlossen haben, um die bestehenden Initiativen in jeder Hinsicht zu unterstützen. Im Februar 2006 wurde zusätzlich eine Verbandstruktur geschaffen, mit deren Hilfe die Interessen der bestehenden Initiativen gebündelt werden und eine politische Vertretung zur Geltung kommen soll.

Trotz der immer noch geringen Umlaufmenge von 30.000 Regios konnte die Regioinitiaive bereits über 4000 Regios als Spenden für verschiedene gemeinnützige Organisationen bereitstellen. Das war möglich, weil alle Tätigkeiten, die im Rahmen des Vereins und der *Regio*-Initiative von den Organisatoren ausgeführt werden, ehrenamtlich stattfinden. Die zu erwartenden Überschüsse, die durch Umlaufsicherung, Rücktauschgebühr und andere Einnahmequellen wie etwa Werbefläche an den Verein fließen, werden, soweit sie nicht für die organisatorische Unterstützung des *Regio* benötigt werden, an soziale, ökologische und andere Initiativen und Vereine weitergegeben. Die *Regio*-Initiative selbst ist in keiner Weise auf wirtschaftlichen Gewinn ausgerichtet, sondern, wie der Vereinsname bereits ausdrückt, darauf, regionale Wirtschaftskreisläufe zu fördern und Projekte und Initiativen in der Region zu stärken.

Teil 3: Die fehlende gesellschaftliche Balance durch das bisherige Geldsystem und die Notwendigkeit zu seiner Veränderung

Die Entwicklung der *Regio*-Bewegung im deutschsprachigen Raum, das im Januar 2003 mit zwei Initiativen, dem Bremer *Roland* und dem *Chiemgauer,* begann, darf man wohl als rasant bezeichnen. Es gibt ca. 50 Initiativen, von denen 14 bereits eine eigene Währung herausgegeben haben.

Das Faszinierendste an der *Regio*-Bewegung ist die Qualität der Menschen, die sich der schwierigen Aufgabe widmen, eine einleuchtende Idee in die Praxis umzusetzen – auch wenn sie alles auf den Kopf stellt, was wir bisher über das Thema Geld dachten –, und die bereit sind, mit allen Hindernissen und Stolpersteinen, die auf dem Weg liegen, fertig zu werden.

Es sind Menschen, die mindestens vier Eigenschaften in sich vereinen müssen:

- Sie haben eine Vision und Zivilcourage, für deren Umsetzung einzutreten;

- sie können andere von dieser Vision überzeugen, d.h., sie verbinden Charisma und Geduld mit Kommunikationsfähigkeit;
- sie haben Freude an ihrer Arbeit und strahlen diese auch aus;
- sie fühlen, dass ihre Arbeit Sinn macht und dass sie damit einen Beitrag leisten zu mehr sozialer und wirtschaftlicher Gerechtigkeit, das heißt, zur Selbstbehauptung der Menschen, die damit der Erosion unseres Gemeinwesens trotzen.

Die Menschen, die zusammenarbeiten, um eine Regionalwährung zu initiieren, haben verstanden, dass es enge Zusammenhänge gibt zwischen den bestehenden sozialen und wirtschaftlichen Problemen und einem ‚verdeckt aggressiven' Geldsystem. Sie sehen, dass diese Zusammenhänge in der öffentlichen Diskussion um neue Lösungen noch immer ignoriert, ja sogar tabuisiert werden, und dass nur praktische Beispiele uns aus diesem Dilemma befreien werden, die zeigen, wie es auch anders gehen kann. Um einen solchen Weg einzuschlagen und ein Projekt erfolgreich auf den Weg zu bringen, so dass es sich selbst behaupten kann, braucht es nicht nur soziale Phantasie und Kompetenz, sondern auch die Zusammenarbeit in einer engagierten Gruppe. Eine solche Aufgabe kann ein Einzelner auf Dauer allein nicht bewältigen, auch wenn es immer eine/n mutige/n Einzelne/n braucht, um so ein Projekt anzuschieben. Das verlangt Zivilcourage von der ganzen Gruppe der „*early movers*", z. B. auch gegenüber der Macht der Banken, die unsere Politik weitgehend bestimmen.

Wir leben in einer Zeit tief greifender Veränderungen des Bewusstseins; dazu gehört auch der Abschied von der Geldillusion. Die Einführung von Regionalwährungen kann dazu einen Beitrag leisten, aber wie jedes Instrument kann auch dieses missbraucht werden. Es hängt von uns ab, ob sie das Leben fördernd oder das Leben behindernd eingesetzt werden – dessen sollten wir uns immer bewusst sein. Deshalb zum Schluss noch ein Zitat von Ken Wilber. Er sagt in seinem Buch *Integrale Psychologie*:

> Die ökologische Krise – oder Gaias Hauptproblem – ist nicht Umweltverschmutzung, unkontrolliertes Einbringen von Giften in die Umwelt, das Ozonloch oder sonst etwas dieser Art [in unserem Falle das Geldsystem – M.K.+R.M.]. Gaias Hauptproblem ist, dass nicht genug Menschen sich zu den postkonventionellen, weltzentrischen, globalen Ebenen des Bewusstseins entwickelt haben, wo sie automatisch dazu bewegt werden, für das globale Gemeineigentum zu sorgen. Und Menschen entwickeln sich zu jenen Ebenen nicht dadurch, dass sie Systemtheorie lernen [oder wie in unserem Falle

> komplementäre Währungen einführen – M.K.+R.M.], sondern dadurch, das sie mindestens ein halbes Dutzend innere Haupttransformationen durchmachen, von egozentrisch zu soziozentrisch, zu weltzentrisch, woraufhin sie dann, und nicht vorher, zu einer tiefen und authentischen Anteilnahme für Gaia erwachen können. (Wilber 2001, 159)

Es scheint uns wichtig, dass diese Sichtweise in unsere Arbeit an der Weiterentwicklung der komplementären Regionalwährungen einfließt, so dass wir nicht dazu verführt werden, unsere eigene Entwicklung zu vernachlässigen. Unsere eigene Balance von Raum, Zeit und Ressourcen gilt es gegenüber einem Geldsystem zu schützen, das in letzter Konsequenz die Destruktivität besitzt, die gesamte Welt aus der Balance zu bringen. Um die existierenden wirtschaftlichen und sozialen Probleme zu mildern oder gar zu beheben, müssen wir uns mit unseren zur Verfügung stehenden individuellen Räumen und Zeiten engagieren, um der Welt eine Chance zu geben, in der Balance zu bleiben.

Literatur

Bergmann, F. (2004): *Neue Arbeit, neue Kultur*, Freiamt: Arbor.

Creutz, H. (1993/2001): *Das Geldsyndrom*, München: Wirtschaftsverlag Langen Müller/Herbig.

Gesell, S. (1949/1991): *Die natürliche Wirtschaftsordnung durch Freiland und Freigeld,* Lauf bei Nürnberg: Rudolf Zitzmann (Nachdruck 1991: Lütjenburg: Gauke).

Kennedy, M./Lietaer, B. A. (2004): *Regionalwährungen – Ein neuer Weg zu nachhaltigem Wohlstand*, München: Riemann.

Kennedy, M. (2006): *Geld ohne Zinsen und Inflation – Ein Tauschmittel, das jedem dient* (9., aktualisierte Auflage), München: Goldmann.

Kennedy, M (2012): *Occupy Money – Damit wir zukünftig ALLE die Gewinner sind,* Bielefeld: Kamphausen.

Kennedy, M./Merten, R. (2006): „Geld – Bruch eines der letzten gesellschaftlichen Tabus im Kontext von notwendiger Selbstbehauptung und Zivilcourage“, in: F.-M. Staemmler/Merten, R. (Hg.): *Aggression, Selbstbehauptung, Zivilcourage – Zwischen Destruktivität und engagierter Menschlichkeit*, Köln: Edition Humanistische Psychologie, S. 138-158.

Kennedy, M./Merten, R. (2009): „Geld – Der Bruch eines letzten gesellschaftlichen Tabus", in: *Profile (18/2009), Internationale Zeitschrift für Veränderung, Lernen, Dialog*, Köln Edition Humanistische Psychologie, S. 40-55.
Wilber, K. (2001): *Integrale Psychologie – Geist, Bewusstsein, Psychologie, Therapie*, Freiamt: Arbor.

Weiterführende Literatur

Brunnhuber, S./Klimenta, H. (2003): *Wie wir wirtschaften werden – Szenarien und Gestaltungsmöglichkeiten für zukunftsfähige Finanzmärkte*, Frankfurt/M.: Überreuter.
Galuska, J. (Hg.) (2005): *Pioniere für einen neuen Geist in Beruf und Business – Die spirituelle Dimension im wirtschaftlichen Handeln*, Bielefeld: Kamphausen.
Groll, F. (2004): *Wie das Kapital die Wirtschaft ruiniert – Der Weg zu einer ökologisch-sozialen Gesellschaft*, München: Riemann.
Gründler, E.C. (2005): *Komplementäres Geld – Vorteile, Erscheinungsformen und Funktionsweisen*, Zürich: Sunflower Foundation.
Kastner, H. (2002): *Mythos Marktwirtschaft – Die irrationale Herrschaft des Geldes über Mensch, Arbeit und Natur – Eine ganzheitliche Analyse der modernen Ökonomie*, Bochum: SWI.
Kastner, H./Sikora, J. (2005): *Vision eines „regionalen Aufbruchs" – Mit einer Verfassungsbeschwerde von Dr. Dieter Petschow und einem Brief an Papst Benedikt XVI.*, Bad Honnef: KSI.
Lietaer, B.A. (2000): *Mysterium Geld – Emotionale Bedeutung und Wirkungsweise eines Tabus*, München: Riemann.
Musil, R. (2005): *Geld, Raum, Nachhaltigkeit – Alternative Geldmodelle als neuer Weg der endogenen Regionalentwicklung?*, Lütjenburg: Gauke.
Perkins, J. (2005): *Bekenntnisse eines Economic hit man – Unterwegs im Dienst der Wirtschaftsmafia*, München: Riemann.

Webseiten zum Thema

www.der-regio.de
www.kennedy-library.info
www.margritkennedy.de
www.monneta.org
www.regiogeld.de

Andreas Neukirch

Die Aufgabe von Finanzierungen – sozial – ökologisch – ökonomisch

Am Beispiel der Arbeitsweise der GLS Bank wird hinsichtlich alternativer Wirtschaftsformen vor allem auf drei Aspekte eingegangen. Es soll deutlich werden, in welchem Wirkungszusammenhang soziale, ökologische und ökonomische Anforderungen an unternehmerisches Handeln, insbesondere einer Bank, stehen. Außerdem soll sich erschließen, dass die Aufgaben der Finanzierung in einen weiten Kontext gestellt werden müssen, der Fremdkapital, Eigenkapital und Schenkungsgeld umfasst. Schließlich wird auf einen qualitativen Nachhaltigkeitsbegriff eingegangen werden, der die Zukunftsorientierung im Geschäftsfeld Finanzierung aufzeigt.

Bewusstsein für Ursache und Wirkung

Wir sind heute häufig mit der Aussage konfrontiert, dass zunächst erfolgreich gewirtschaftet werden müsse, um anschließend mit den Erträgen des Wirtschaftens soziale oder ökologische Leistung zu vollbringen, oder schärfer ausgedrückt: Probleme, die beim Wirtschaften entstanden sind, dann wieder zu heilen.

Dieser Grundtenor findet sich seit mehreren Jahrzehnten in den einschlägigen Darstellungen über Corporate Social Responsibility als eine „Zusatzaufgabe" über das Kerngeschäft von Unternehmen hinaus. Sogar bei Akteuren der Gemeinwirtschaft, die sich als alleinigen Zweck soziale Aufgaben stellen, scheint diese Reihenfolge gesetzt.

Tatsächlich muss es uns aber gelingen, diese Verwechslung von Ursache und Wirkung sichtbar zu machen und das Bewusstsein für die Ursache und über die Möglichkeiten verschiedener Wirkungen bzw. Auswirkungen wieder herzustellen. Hierfür bildet die Nachhaltigkeitsdefinition, wie wir sie in der GLS Bank nutzen, eine sinnvolle Grundlage.

Wir gehen in Anlehnung an internationale Begrifflichkeiten nach der Triple Bottom Line vor und orientieren unser Handeln an People, Planet, Profit oder in der deutschen Formulierung am Sozialen, Ökologischen und Ökonomischen.

Triple Bottom Line	People	Planet	Profit
Deutsche Entsprechung	Sozial	Ökologisch	Ökonomisch
Definition	Wir investieren in die menschlichen Bedürfnisse (Energie, Bildung, Wohnen, gesunde Ernährung, Kunst und Kultur,...)...	...bewahren und entwickeln die natürlichen Lebensgrundlagen...	...und gewinnen eine entsprechende ökonomische Rendite sowie Entwicklungschancen für die Zukunft.

Geld ist für die Menschen da!

Diese drei Perspektiven haben keinen gleichen Rang. Beim Wechselspiel zwischen dem Ökologischen und dem Sozialen steht im Vordergrund, dass wir uns als Menschen stets um Lösungen für Menschen, für Gemeinschaften, für ganze Gesellschaften einsetzen, die sich im Wesentlichen auf die fünf Entwicklungsfelder der Energie, der Ernährung, des Wohnens, der Bildung im weitesten Sinne, einschließlich kultureller Gesichtspunkte und der Gesundheit beziehen. Hiervon gehen die Menschen in Gemeinschaft, wie auch individuell stets aus.

Dabei liegt der qualitative Anspruch von Nachhaltigkeit darin, Verfahren, Prozesse und Lösungen zu suchen, die unsere natürlichen Lebensgrundlagen nicht nur bewahren, sondern letztlich weiterentwickeln helfen, damit nachfolgenden Generationen die Grundlage für ihre eigene Entwicklung nicht entzogen oder beschädigt wird.

Der ökonomische Aspekt dieser Sicht der Nachhaltigkeit liegt lediglich darin, dass Ökonomie, die beispielsweise auf effizienten Ressourcenverbrauch oder bestimmte Zusammenwirkungsformen, bestimmte Preisbildungsformen, Marktmechanismen usw. abstellt, eine dienende Funktion hat. Im Übrigen sind wir überzeugt, dass den sinnvollen Handlungen für Menschen der ökonomische Erfolg folgt.

Dieser Begriff von Nachhaltigkeit könnte auch wie folgt zusammengefasst werden: Im Sozialen erschließt sich der Handlungsfokus, im Ökologischen die Dimension der Verantwortung und das Ökonomische bildet eine Methodenkategorie.

Auch wenn diese Nachhaltigkeitsdefinition von allgemeiner Bedeutung ist, so sollte doch gerade im Umgang mit Geld und insofern mit den Aufgaben von Finanzierungen der dienende Charakter dieses wirtschaftlichen Gestaltungsinstruments wieder stärker sichtbar werden. Ganz abgesehen von der Plattitüde, dass wir Geld nicht essen können, liegt doch der Grundgedanke von Finanzierung tatsächlich darin, realwirtschaftliche Vorgänge zu ermöglichen. So wie z.B. heute in genossenschaftlichen Bank-Satzungen verankert, wo die Mittel, die die Geldgeber zur Verfügung stellen (Sparer), und die Mittel, die die Kreditnehmer benötigen, durch einen ökonomischen Mechanismus, nämlich dem Austausch durch eine Bank zusammengebracht werden. Die Bank wird als Intermediär tätig und hilft Liquiditätsrisiken, Ausfallrisiken und Risiken der unterschiedlichen Interessen der Vertragsbindung auszugleichen.

Aus dem Umfang dieser Funktion, nämlich, dass wir uns heute weltumspannend keinen wirtschaftlichen Prozess ohne Geld und Finanzströme vorstellen können, (siehe auch den Hinweis von Peter Sloterdiyk in „Im Weltinnenraum des Kapitals“: „Die Haupttatsache der Neuzeit ist nicht, dass die Erde sich um die Sonne dreht, sondern dass das Geld um die Erde läuft.“) ist der Glaube entstanden, dass Geld und Geldvermehren schließlich der Selbstzweck des Wirtschaftens seien.

Um wieder auf die richtige Reihenfolge zu kommen, müssen wir uns vor Augen führen, dass wir stets als Handelnde im Umgang mit Geld Bewusstsein über die Auswirkung dieses Handelns erlangen sollten.

Dabei haben wir besondere Herausforderungen zu bewältigen. Seit 500 Jahren, und in den letzten 100 Jahren in akzeleriertem Tempo, entwickelt sich eine internationale Arbeitsteilung, die heute gerne als neues Phänomen der Globalisierung beschrieben wird, die uns das Durchschauen von Prozessen, das Erkennen von Ursache und Wirkung besonders erschwert. Z.B. führt es heutzutage zu einer gewissen Provokation, wenn wir uns gegenseitig klar machen, dass niemand mehr in der Lage ist, für sich selbst durch seine Arbeit sein Leben zu bestreiten, sondern vielmehr jeder in jeder Aufgabe etwas für andere tut. Und weil andere es honorieren und brauchen, entsteht überhaupt erst die Entlohnung für diese Tätigkeit, die wir dann wieder einsetzen, um unsere Bedürfnisse durch die Leistung anderer zu decken.

Ein Beispiel aus der aktuellen Werbewirtschaft, in der Zinsversprechen daran festgemacht werden, dass unterm Strich nur „ich“ selber zähle, wird deutlich, in welch symptomatischer Weise wir uns mittlerweile mit dem Nichtdurchschauen von Ursache und Wirkung abzufinden wünschen.

Methodisch können wir dieses Dilemma mit Transparenz lösen. Wir werden uns damit auseinandersetzen müssen, Methoden bereitzustellen und neue Fähigkeiten zu entwickeln, um Wirkungszusammenhänge wieder zu erkennen und im wirtschaftlichen Handeln wieder eine Technik, eine Methode der Bedürfnisbefriedigung zu sehen und nicht als einen eigenständigen Selbstzweck oder gar ein Ziel.

Transparenz für Entscheidung und Handlung

Wir gehen in der GLS Bank davon aus, dass Transparenz und die Verwendungsorientierung bei Geldanlagen ein Weg ist, das Bewusstsein über die Gestaltungskraft von Geld in der Gesellschaft zu realisieren.

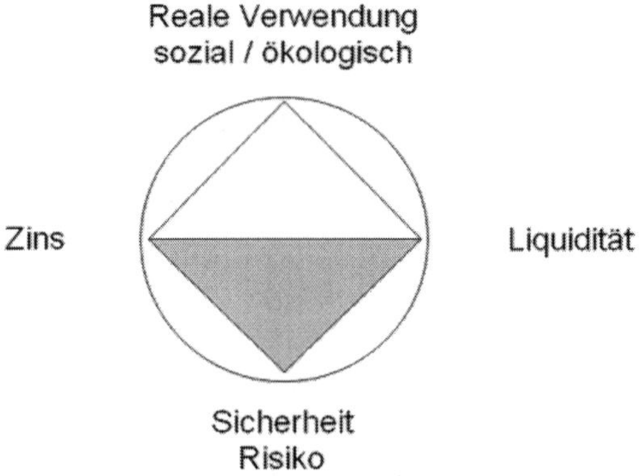

Dies soll etwas deutlicher werden, wenn wir uns mit dem sogenannten magischen Dreieck der Ökonomie beschäftigen, das aus Zins, Liquidität und Risiko besteht. Jeder Student im Grundstudium der BWL muss sich damit auseinandersetzen, dass ökonomische Entscheidungen mit diesen drei Gesichtspunkten bewertet werden können. Abgesehen von der Verirrung der letzten zehn Jahre, dass insbesondere bei Geldanlagen nicht einmal mehr diese drei ökonomischen Kategorien der Entscheidung wahrgenommen wurden, sondern lediglich bei ständiger Liquidität und der Wahnvorstellung, dass bei risikofreier Anlage der Zins maximierbar sei, ist auch in diesem magischen Dreieck selbst noch eine entscheidende Größe völlig ausgeblendet.

Zu einer Entscheidungsmöglichkeit anhand dieser drei ökonomischen Dimensionen kommt es überhaupt erst, wenn ein Entscheidungsgrund, eine reale Verwendung / Investition im Sozialen und Ökologischen vorliegt.

Erst, wenn wir als Menschen in Unternehmungen und privaten Haushalten eine Idee davon entwickelt haben, in welche Richtung wir aktiv werden wollen, wohin wir investieren wollen oder was ansonsten für unsere Bedürfnisbefriedigung ggf. auch zu konsumieren ist, stellt sich doch die Frage, nach welchen Gesichtspunkten verglichen und entschieden wird. Hätte man nur diese drei Kriterien im Blick, so wäre es ziemlich leicht, alle seine Entscheidungen an Maschinen abzugeben. Denn solche mathematischen Modelle können IT-Systeme ohne das menschliche Störgefühl vom Sinn oder Unsinn einer Investition viel besser ausrechnen. Eine Bewusstseinsbildung bliebe aber ausgeblendet.

Es darf nicht versäumt werden darauf hinzuweisen, dass noch vor 20 oder 30 Jahren an den Universitäten ausgesprochen viel Arbeit darauf verwendet wurde, diese Entscheidungsmodelle im magischen Dreieck der Ökonomie an den Prämissen zu messen und den Studenten klar zu machen, dass vor aller Anwendung die Annahmen stehen – beispielsweise einer strategisch oder perspektivisch richtigen Investition im Unternehmen –, und dass erst dann die Methode angewendet wird. Dieser Blick ist verloren gegangen und völlig aus dem Bewusstsein verschwunden. Dies hat die Umkehr von Ursache und Wirkung bewirkt und das Handeln auf der symptomischen Ebene weiter forciert. Zu selten stellen wir uns die Frage, für welches grundlegende menschliche Bedürfnis eine Lösung benötigt wird, um dann über Lösungswege zu entscheiden.

Vor dem Hintergrund der Aufgabe von Finanzierungen zeigen sich vor allen Dingen drei Herausforderungen an Inhalt und Methode von Transparenz. Die eine, der Hauptfokus schlechthin, so auch in der Arbeit der GLS Bank, ist das Sichtbarmachen, in welche Finanzierung eine Geldanlage geflossen ist. Es ist schließlich zu zeigen, welches Projekt realisiert wird, beispielsweise Schulen, regenerative Energieanlagen, andere betriebliche Investitionen. Das andere Kriterium liegt in der ökonomischen Abwägung über den angemessenen Preis. Den Zins für Geldanlage und Kredite offen zu kommunizieren und seine Herleitung allgemein nachvollziehbar darzustellen. Und schließlich die Risikotransparenz, die eine sichtbar gemachte Finanzierung nicht systematisch für riskanter hält, als eine sich im internationalen Geld- und Kapitalmarkt verlierende abstrahierte Geldanlage. Man könnte diese Aufgabe auch so zusammenfassen, dass im goetheschen Sinne die Verbindung aus der Frage, worauf bezieht sich die Transparenz und wie mache ich die Transparenz, hergestellt werden muss: „Das Was bedenke – mehr bedenke Wie".

Beispiele für Qualität und Inhalt von Transparenz

Von diesen Überlegungen ausgehend, haben sich in der GLS Bank seit den 1970er Jahren bestimmte Arbeitsweisen im Sinne der Aufgabe von Finanzierung herauskristallisiert, die wir heute in einem sehr umfänglich veranlagten, sozial-ökologischen Universalbankgeschäft organisieren. Darunter verstehen wir die eben genannten Nachhaltigkeitskriterien und hinsichtlich der Universalität nicht nur umfassendes Serviceangebot aller Produkte rund ums Geld, sondern viel mehr die weite Definition von Finanzierung in Form von Fremdkapital (Kredite, Darlehen), Eigenkapital (Fonds/Beteiligungen) und geschenktes Kapital (Stiftungen und Spenden).

Dazu sind unter der GLS Bank drei Unternehmen aktiv. Die *Bank* im engeren Sinne, mit Geldanlagen, Finanzierungen, Zahlungsverkehr, Service usw., die *GLS Beteiligungs AG* als die Gesellschaft, in der Eigenkapital, Beteiligungen für Investitionen in sozialökologische Projekte zusammengeführt werden und die *GLS Treuhand* als einen Verein, der verschiedene Stiftungsaktivitäten und Spenden zusammenführt, um sie in die Initiativen zu investieren, die aus ihrem grundsätzlichen Verständnis heraus gar keinen ökonomischen Ertragserwirtschaftungsgesichtspunkt haben. Letzteres wird besonders augenfällig, wenn man kulturelle Aktivitäten betrachtet, in denen sehr häufig künstlerische Initiativen entwickelt werden, die etwas mit Gestaltung, Lebensqualität, Entwicklung und mit gesellschaftlicher Bereicherung zu tun haben, aber nicht deshalb betrieben werden, weil mit ihnen ein Gewinn in Geld zu erzielen wäre (Projekt Jeki: Jedem Kind ein Instrument).

Auf der anderen Seite ein Beispiel aus der Forschung. Häufig müssen Entwicklungen auch in der ökologischen Landwirtschaft in einem intensiven Maße vorangetrieben, erforscht und ergründet werden, ohne dass deswegen klar ist, dass sich am Ende daraus in gewerblicher Form Erträge erzielen ließen (Kampagne und Forschung zum Saatgut „Save our Seeds").

Für alle drei Unternehmungen der GLS Bank gilt im Sinne des eben geschilderten theoretischen Transparenzansatzes vor allen Dingen der offene und umfängliche Nachweis der Geldverwendung. Hierin dominiert nicht nur die Kommunikation, sondern auch das Bewusstsein der Handelnden bei den Entscheidungen über die Vergabe von Krediten, über die Akquisition von Eigenkapital und über die Vergabe von Stiftungsmitteln.

Dabei wird sichtbar, dass in der GLS Bank die anfangs genannten fünf Entwicklungsfelder im Sinne von Kreditvergabenachweisen stets wieder auftauchen. Wir haben es mit Investitionen in regenerativen Energien zu tun, wir sprechen über ökologische Landwirtschaft und die damit verbundenen Wertschöpfungsketten, also die Ernährungsfrage. Wir sprechen über Wohnprojekte der verschiedensten Art: Generationsübergreifend, Menschen mit Behinderungen integrierend und Ähnliches. Sowie Finanzierungen für Kultur- und Gesundheitsprojekte. In unserer quartalsweisen Berichterstattung „Bankspiegel" wird dies allen Kunden sichtbar zur Verfügung gestellt. Kreditnehmer, Kreditbetrag und Verwendung werden offengelegt.

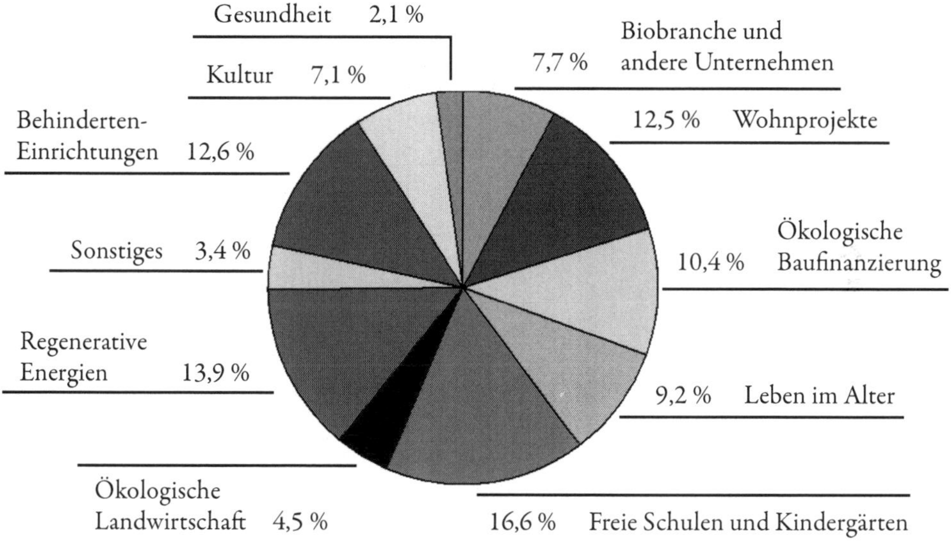

In ähnlicher Weise transparent sind wir bei der Gestaltung unserer Kredit- und Einlagenkonditionen. Wir informieren sowohl im Bankspiegel als auch in unserem Internetauftritt über Marktvergleichspreise, die in der deutschen Bankenlandschaft für Privatkunden feststellbar sind und positionieren uns dort mit einem durchschnittlichen Zins. Wir wollen auf diese

Weise erreichen, dass der Kunde über das Spektrum von Preisbildung bei Bankgeschäften aufgeklärt ist und erkennen kann, in welcher Bandbreite sich Konditionen bewegen und welche besonderen Ausreisserkonditionen festgestellt werden können. Wir möchten mit dieser Vorgehensweise aber auch erreichen, dass die Preisgestaltung nicht als eine prominente oder gar in dem missverstandenen oben beschriebenen betriebswirtschaftlichen Dreieck als einziges Kriterium Anwendung findet. Mit dem Bewusstsein über die Geldverwendung soll vielmehr auch sichtbar werden, in welchem Wechselspiel die verabredeten Preise, die damit verbundene Liquidität von Geldanlagen, Risiken und die Geldverwendung zueinander stehen, und sich damit die Grundlage der über rein ökonomische Ergebniswerte hinausgehenden Betrachtungen verbreitert.

Fazit

Mit der Klarheit über die Gesichtspunkte und die Bedeutung der Nachhaltigkeit sind wir als GLS Bank in der Lage, die Aufgabe von Finanzierung durch einen bewussten Umgang mit Geld sicherzustellen und machen dies in besonderem Maße durch Transparenz über Geldverwendung und Konditionsgestaltung.

Unseren Mitgliedern und Kunden verschaffen wir damit Entscheidungsgrundlagen. So verstehen wir unseren satzungsgemäßen Auftrag, denjenigen, die die Mittel aufbringen, transparent über die Mittelverwendung zu berichten und die Bankarbeit als dienende Funktion in diesem Prozess des Interessenausgleichs zu verstehen. Die Mitglieder, die das Eigenkapital der Bank aufbringen, verbinden dies mit der Entscheidung, die erwirtschafteten Erträge der Bank unmittelbar für die weitere Arbeit der Bank zu thesaurieren, also keine eigene Dividendenausschüttung zu erlangen.

Werner Peters

Generosität. Eine Ethik für eine postkapitalistische Gesellschaft?

Das Fragezeichen ist sehr wichtig. Ich erhebe nicht den Anspruch, die ultimative Lösung zu kennen für die Probleme, denen sich die von der kapitalistischen Wirtschaftsordnung beherrschte Gesellschaft gegenübersieht, oder gar die entscheidende Alternative zum Kapitalismus gefunden zu haben. Postkapitalistisch bedeutet nicht, um das vorweg zu sagen, dass ich mir eine Abschaffung des Kapitalismus vorstelle. Es geht um eine Veränderung, allerdings eine qualitative Veränderung, der Art und Weise, wie der Kapitalismus in unserer Gesellschaft wirkt.

Die Einführung der Tugend, wenn man sie mal so nennen darf, der Generosität ist zu sehen als ein Entwurf, ein Versuch zu einer Veränderung des Weltbildes und der Leitideen unserer Gesellschaft, zu einer neuen Ethik, genau genommen *überhaupt* zu einer Ethik, in die der Kapitalismus eingebunden wird, um ihn in seinen ruinösen Tendenzen zu bändigen.

Das ist eine zweite wichtige Vorbemerkung, die sich aus der Formulierung meines Themas ergibt. Ich vertrete die These, dass jede Gesellschaft einer wie auch immer gearteten Ethik bedarf, dass aber die kapitalistische Gesellschaft keine hat, weil der Kapitalismus als solcher keine liefert. Er ist konsequent amoralisch. Ich sage bewusst nicht: unmoralisch, weil darin ein Werturteil läge. Der Kapitalismus verzichtet bewusst auf eine Ethik, er glaubt, sie nicht zu benötigen. Er rechtfertigt sich allein aus seiner wirtschaftlichen Effizienz, die den Menschen größtmöglichen Wohlstand bringe. Ich werde das im Verlauf des Vortrags noch etwas näher ausführen.

Sie kennen vermutlich alle das berühmte Wort von Winston Churchill über die Demokratie, die er mit typisch britischer Hintergründigkeit als „die schlechteste aller Regierungsformen, ausgenommen alle anderen" charakterisiert hat. Ähnlich könnte man den Kapitalismus als die „schlechteste Wirtschaftsordnung, abgesehen von allen anderen" bezeichnen. Und in der Tat scheint der Kapitalismus allen anderen Wirtschaftsordnungen überlegen zu sein. Dafür gibt es akute, schlagende Beweise. Staatsdirigismus, Sozialismus, Kommunismus, sie alle sind noch in jüngster Zeit betrieben worden oder werden noch betrieben mit nachweislich miserablen Erfolgen für die Gesellschaft und teilweise unendlichem Leid für die davon betroffene Bevölkerung.

Aber man sollte den anderen Aspekt nicht übersehen, der in dieser Aussage über den Kapitalismus steckt, die, oberflächlich betrachtet, so positiv und beruhigend klingt: Der Kapitalismus ist keineswegs perfekt, im Gegenteil, er ist eine sehr schlechte Wirtschaftsordnung, die nur deswegen akzeptabel ist, weil alles andere noch schlechter ist. Das bedeutet nichts anderes, als dass das kapitalistische Modell durchaus verbesserungsbedürftig ist und, so möchte man hoffen, auch verbesserungsfähig.

Der Kapitalismus ist in der Tat eine schlechte Wirtschaftsordnung, weil er in seiner ungebändigten, durch keine äußeren Einschränkungen behinderten Erscheinungsform die Gesellschaft zerrüttet, indem er geradezu naturgesetzlich den Reichtum der Gesellschaft in immer kleineren Kreisen sich konzentrieren und den Rest verarmen lässt. Die Umverteilung, die zu einem gewissen Ausgleich und zu einer inneren Befriedung der Gesellschaft führt, kommt nicht aus dem Geist des Kapitalismus, sondern muss in die kapitalistische Wirtschaftsordnung von außen wie ein Fremdkörper eingebracht werden.

Der Kapitalismus selbst hat keine eingebauten Selbstregulierungskräfte, er folgt nur seinem inneren Gesetz, das in der Vermehrung des Kapitals besteht. Nicht die berühmte „unsichtbare Hand" des Adam Smith, die man im Übrigen völlig fehlinterpretiert hat, sondern fortschrittliche Maßnahmen des Staates wie die Einführung der progressiven Einkommensteuer, die Sozialgesetze, die Vermögensbesteuerung (die man in Deutschland inzwischen wieder abgeschafft hat), die Erbschaftssteuer, der Lastenausgleich, der Solidaritätszuschlag und anderes führen dazu, dass in unserer Gesellschaft und ähnlich strukturierten Ländern mit kapitalistischer Wirtschaftsordnung ein gewisses Maß an Wohlstand für alle und Teilhabe nicht nur der Kapitalbesitzer an dem von der Gesellschaft erwirtschafteten Reichtum stattfindet.

In Deutschland hat man bei der Gründung der Bundesrepublik sogar den Versuch unternommen, die kapitalistische Wirtschaftsordnung per Verfassung in eine gemeinwohlorientierte Ethik einzubinden. Es heißt im Artikel 19 des Grundgesetzes: „Eigentum verpflichtet. Sein Gebrauch soll auch der Allgemeinheit dienen". Dieser grundgesetzliche Auftrag ist weithin unerfüllt geblieben, was sicherlich auch, aber nicht nur am mangelnden politischen Willen und dem Widerstand der davon Betroffenen lag. Die Schwierigkeit, das kapitalistische Eigentum in die Pflicht zu nehmen, liegt in der Natur des Kapitalismus selbst.

Solange in vormodernen Gesellschaften Eigentum und damit Reichtum an Landbesitz gebunden war, waren die mit ihm verbundenen Pflichten, die im Übrigen im wohlverstandenen Eigeninteresse des Eigentümers lagen, offensichtlich, nämlich für das Wohl derer, die seinen Besitz bearbeiteten und pflegten, einigermaßen angemessen zu sorgen. Das gilt auch noch für den Hausbesitzer und den Unternehmer, die unmittelbar mit dem Gebäude oder der Fabrik, die Ertrag für sie abwerfen, verbunden sind. Der Aktionär und der Besitzer von Immobilienfonds haben im Normalfall keinerlei Bezug und fühlen demgemäß auch keinerlei Verpflichtung zu dem Eigentum, aus dem sie ihre Kapitalrendite beziehen. Diese Distanz hat sich in letzter Zeit noch weiter vergrößert, seit der größte Teil des Kapitals (also des Eigentums) nicht einmal mehr von den Eigentümern selbst, sondern von beauftragten Verwaltern (Fondsmanagern, Vermögensberatern, Banken) investiert und verwaltet wird.

Mit der Ablösung des sichtbaren, weithin unverrückbaren Landbesitzes durch den Kapitalbesitz, mit der Anonymisierung und Verflüssigung des Eigentums verschwindet nicht nur die Verpflichtung des Eigentümers gegenüber dem, woran er Eigentum hat, es schwindet auch die Möglichkeit des Staates, einen direkten Bezug zwischen diesem Eigentum und seiner Gemeinwohlverpflichtung herzustellen. Es ist also nicht nur die Unzulänglichkeit staatlicher Maßnahmen und Methoden, dieser Art flüchtigem und flüssigem Eigentum seinen dem Gemeinwohl geschuldeten Anteil abzuschöpfen, es ist vor allem die Natur des Kapitalbesitzes selbst, der anders als Grundbesitz oder jeder andere an ein reales Objekt gebundene Besitz ein Bewusstsein der Verantwortung für die Gemeinschaft nicht aufkommen lässt. Dieser Mangel an Verantwortungsbewusstsein wird noch verschärft durch die Ausweitung der Räume, in denen das inzwischen weltweit operierende Kapital sich bewegt.

Es gibt nur zwei Wege, dieser Art von Eigentum einen Beitrag zum Wohl der Gemeinschaft abzugewinnen. Der eine ist eine Besteuerung der Vermögen, durch die ein Teil des Eigentums zwangsweise abgeschöpft wird und zum Teil der Gemeinschaft als Ganzer in Form von Infrastrukturmaßnahmen, zum Teil dem weniger bemittelten Teil der Gesellschaft in Form von Wohlfahrtsmaßnahmen direkt zukommt. Dies ist der Weg, den die meisten Staaten gehen, wobei das Selbstverständnis der Gesellschaft von der Sozialpflichtigkeit des Eigentums sich im Grad der Besteuerung niederschlägt. Die Tatsache, dass die meisten Vermögenden sich mit allen legalen und teils auch illegalen Mitteln dieser Besteuerung zu entziehen versuchen bis hin zur Auswanderung aus der Gesellschaft, in der sie ihr Vermögen gemacht haben oder sogar noch weiter machen, deutet allerdings darauf hin, dass das Bewusstsein von der Sozialpflichtigkeit des Eigentums in der kapitalistischen Gesellschaft noch nicht weit vorangekommen ist.

So bleibt der andere Weg über eine Änderung des Bewusstseins der Menschen, um die Gemeinwohlorientierung des Eigentums in der Gesellschaft durchzusetzen. Das klingt utopisch und realitätsfremd, aber es sind die Utopien, die die Menschheit vorangebracht haben. Utopien sind für mich mit Ernst Bloch keine Träumereien von idealen, aber unerreichbaren Orten und Zuständen, sondern sie sind aus der Kritik an den gegenwärtigen gesellschaftlichen Zuständen gewachsene Vorstellungen von einer anderen, besseren Welt, die zu erstreben, aber auch zu erreichen ist. Was anders als Utopien waren die Vorstellungen der Denker des 18. Jahrhunderts von der politischen Gleichheit der Menschen, die ihre konkrete Ausformung in der Gewaltenteilung innerhalb der Gesellschaft fanden? Hat sich nicht die Utopie der frühen Sozialreformer verwirklicht, dass es die Verantwortung der Gesellschaft als Ganzer ist, für die Wohlfahrt aller Mitglieder zu sorgen, und ist nicht die Idee des Wohlfahrtsstaates im Bewusstsein der Menschen unserer Gesellschaft inzwischen einigermaßen fest verankert?

Aber nicht nur Beispiele vieler solcher verwirklichter Utopien können uns ermutigen, auf einen weiteren Fortschritt im gesellschaftlichen Bewusstsein der Menschen zu hoffen. Es ist im Gegenteil geradezu eine Art mit Arroganz gepaarter Dummheit anzunehmen, dass es über den von uns erreichten gesellschaftlichen Reifegrad hinaus keine Steigerung mehr gebe. Natürlich geht es hier nicht um materiellen Zuwachs, sondern um eine qualitative Verbesserung im Bewusstsein der Menschen. Allerdings stehen dem tief eingewurzelte Verhaltensmuster und genetische Prägungen entgegen. Aber diese Prägungen dominieren nicht alles, und es wirken ihnen andere Affekte entgegen. Möglicherweise werden spätere Gesellschaften unsere Lebensweise, dieses rastlose Streben nach materiellem Besitz und die nicht zu sättigende Sucht nach Unterhaltung als roh und primitiv beurteilen, so wie wir etwa die Gleichgültigkeit früherer Gesellschaften gegenüber Not und Elend ihrer Mitglieder oder die Brutalität ihrer Folter- und Hinrichtungsmethoden als rückständigen und glücklicherweise überwundenen Zustand der Menschheit empfinden.

Wenn wir es genau betrachten, sind wir aber schon gar nicht mehr auf der Höhe der Zeit, sondern haben uns in unserem gesellschaftlichen Bewusstsein bereits rückentwickelt im Vergleich zur Gesellschaft der Fünfziger- und

Sechzigerjahre, in der die kapitalistische Weltsicht noch nicht so dominierte und die Bereitschaft zum Einsatz für die anderen, sei es im Familienverbund, sei es in der örtlichen Gemeinschaft, aber auch in der bewussten Akzeptanz des Wohlfahrtsstaates als ausgleichender Ordnungsmacht das Bild der Gesellschaft prägte.

Die neoliberale Wirtschaftsideologie, die seit den Siebzigerjahren die Segnungen eines möglichst ungehemmten Kapitalismus unter völliger Ausblendung seiner destruktiven Tendenzen beschwört, hat die Geister der Menschen in den westlichen Gesellschaften vernebelt und ihr Bewusstsein im wahrsten Wortsinn ver„rückt". Man hat die Menschen geradezu in einen Rausch versetzt, dass alles zu kommerzialisieren, alles unter das Gebot des Geldes zu stellen ist. Diese „Geiz ist geil"- und „Gier ist gut"-Mentalität kann aber auch genau so gut wieder zurechtgerückt werden. Gesellschaftliche Leitbilder sind nichts Statisches, sondern verändern und entwickeln sich mit dem Wandel der Eindrücke und Erfahrungen, denen die Gesellschaft ausgesetzt ist.

Gerade dieser Wandel des Bewusstseins lässt sich derzeit in unserer Gesellschaft, wenn auch erst in Ansätzen, beobachten. Die Menschen entdecken die inzwischen immer deutlicher zutage tretenden Pathologien des Kapitalismus. Sie stellen fest, dass nicht alle menschlichen Bedürfnisse mit Geld zu befriedigen, nicht alle gesellschaftlichen Angelegenheiten zu Geld zu machen sind. Und aus dem veränderten Bewusstsein entstehen Taten, wandelt sich das Verhalten der Menschen.

Wir haben eben gesagt, dass es einen anderen, einen zweiten Weg neben der Besteuerung gibt, um die Sozialpflichtigkeit des Eigentums in der Gesellschaft umzusetzen, den Weg über eine Änderung des Bewusstseins der Menschen. Diese Bewusstseinsveränderung, die das kapitalistische Denken einbindet in Werte, die über die reine Geldvermehrung hinausgehen, und das kapitalistische Handeln aus seinem ruinösen Autismus befreit und an ein Gemeinwohl anbindet, diese Bewusstseinserweiterung ist bereits im Gange. Überall in Deutschland und auch anderswo in der Welt gibt es selbstorganisierte Initiativen und Projekte von Menschen, die sich aus den Zwängen eines rein monetär und reziprok ausgerichteten Wirtschaftens lösen und alternative Unternehmensformen aus einem Gemeinschaftsgeist heraus entwickeln. Hierzu gehören unter anderem die zahlreichen Regionalwährungen und Tauschbörsen, die inzwischen vor allem in Süddeutschland eine große Verbreitung und auch schon eine beachtliche wirtschaftliche Bedeutung in den Regionen gefunden haben, in denen sie präsent sind.

Die ökologische Landwirtschaft, der sich immer mehr, vor allem jüngere Bauern, aber auch Seiteneinsteiger aus anderen Berufen zuwenden, ist ein besonders interessantes Beispiel für eine Abkehr von einem rein am Gewinnstreben ausgerichteten Wirtschaften, weil hier über den menschlichen Bereich hinaus auch die Tiere und die Natur selbst mit einbezogen werden in die Gemeinwohlorientierung. Während die konventionelle Landwirtschaft, nicht ohne Grund auch Agro-Business genannt, sich vollkommen den Strukturen der Industrie angepasst und den Gesetzen der kapitalistischen Renditeorientierung unterworfen hat, geht es der ökologischen Landwirtschaft um Existenzsicherung statt Gewinnmaximierung, um Erhaltung und Stärkung regionaler Strukturen zum Nutzen der dort lebenden Menschen, um Qualität und Gesundheit der Erzeugnisse statt künstlich gesteigerter Produktion. Der wachsende Markt für sogenannte Bio-Produkte zeigt, dass auch bei den Verbrauchern eine Bewegung in Gang gekommen ist, in Abkehr von der industriellen Massenproduktion, und dass man für Qualität und natürliche Produktion auch höhere Preise in Kauf zu nehmen bereit ist.

Auch im Bereich der gewerblichen Wirtschaft und der Industrie gibt es inzwischen viele Unternehmen, die bewusst als Gegenmodell zum kapitalistischen System aufgebaut sind. Sie gehören in den weiten Bereich der sogenannten Solidarischen Ökonomie, die den arbeitenden Menschen und nicht das Kapital in den Mittelpunkt unternehmerischen Handelns stellt, aber darüber hinaus das Unternehmen und sein Wirken und seine Ziele in den Dienst der Gemeinschaft.

Viele solcher Unternehmen sind organisiert in der Form von sogenannten Kooperativen, die sich selbst verwalten und alle betrieblichen Entscheidungen demokratisch und möglichst basisnah treffen. Sie sind vor allem in Südamerika, insbesondere in Brasilien, weit verbreitet, wo sie aus der Not der Wirtschaftskrise der Achtziger- und Neunzigerjahre entstanden sind, als viele Fabriken von ihren Besitzern aufgegeben wurden und die Arbeiter sie selbst in die Hand nahmen. Von den brasilianischen Gewerkschaften und der Regierung wird das Modell der Solidarischen Ökonomie auf vielfältige Weise und mit großer Energie unterstützt, sodass es sich auch in dem inzwischen deutlich veränderten Wirtschaftsklima Brasiliens als alternatives Modell weiter hält und verbreitet.

Auch in Deutschland, das ja bereits in den frühen Jahren der Arbeiterbewegung die Idee der Kooperative in Form von Genossenschaften umgesetzt hat, gewinnt diese Gegenbewegung zum kapitalistischen Wirtschaften zunehmend Aufmerksamkeit und Interesse in der Öffentlichkeit, und es gibt immer mehr Menschen, die die Initiative zur Gründung eines Projekts im Bereich Alternativer Ökonomie ergreifen. Es sind meist kleine Projekte – die eben beschriebenen Regionalwährungen und Tauschbörsen gehören im weitesten Sinne dazu – aber es sind auch viele Gewerbeunternehmen und sogar Banken wie die GLS-Bank oder die Umwelt-Bank gegründet worden, die sich einem sozial orientierten Wirtschaften verpflichtet fühlen.

In diesem Zusammenhang sollte unbedingt darauf hingewiesen werden, dass viele solcher der Idee einer sozialen Ökonomie verpflichteten Unternehmen nicht erst in diesen Jahren der kapitalistischen Krise entstanden sind, sondern zum Teil auf eine lange Tradition zurückblicken können. Viele fühlen sich dem anthroposophischen Gedankengut Rudolf Steiners verpflichtet, das Unternehmen Weleda, das Naturkosmetik und Naturheilmittel inzwischen weltweit vertreibt, geht sogar auf eine Gründung von Rudolf Steiner persönlich zurück. Weleda ist zwar als Aktiengesellschaft organisiert, aber das Kapital ist unverkäuflich und somit dem Zugriff von private-equity-fonds und/oder Großkonzernen, die sich gerne diesen erfolgreichen Zweig der Kosmetikbranche einverleiben möchten, entzogen.

Einen großen Schub hat die Idee der Sozialen Ökonomie durch die „attac"-Bewegung bekommen, die ja ausdrücklich unter dem Motto auftritt: „Eine andere Welt ist möglich".

Attac versteht sich als eine alle Bereiche der Wirtschaft und der Politik umfassende Alternative zu der derzeitigen von den Regeln und der Macht des Kapitalismus bestimmten Ausrichtung unserer Gesellschaft. Attac sieht seine Rolle als ein „demokratischer Stimulator", der die Menschen aufklären, aber auch zum Handeln bewegen will, um eine am Gemeinwohl orientierte Wirtschaftsordnung durchzusetzen. Der große Erfolg von attac besteht darin, dass sich überhaupt erstmals ernsthafter Widerstand, sowohl im Bewusstsein der Gesellschaft als auch bereits in der politischen Realität, gegen die angeblichen Sachzwänge der neoliberalen Wirtschaftsideologie gebildet hat. Attac hat das angeblich segensreiche Wirken eines von allen Fesseln befreiten Kapitalismus entlarvt als Weg in eine Sackgasse, auf dem die Minderheit der Gewinner immer kleiner und immer reicher und die Mehrheit der Verlierer immer größer und ärmer wird und wo am Ende aufgrund der rücksichtslosen Ausbeutung aller Ressourcen und der Zerstörung der natürlichen Lebensgrundlagen der Menschen alle als Verlierer dastehen.

Die „Globalisierung von unten", als die Attac seinen Kampf gegen den entfesselten Finanzkapitalismus und für eine gemeinwohlorientierte Wirtschaftsordnung sieht, wurde möglich durch dieselbe Revolution der Informations- und Kommunikationstechnologien, die auch die Globalisierung der Waren- und Kapitalströme begünstigt. Natürlich sind die Waffen ungleich verteilt, aber Internet, E-mail, Facebook, Blogs und die vielen anderen Methoden der Vernetzung und Verbreitung von Informationen, die zum größten Teil alle erst in jüngster Zeit aufgekommen sind und sich ständig weiterentwickeln, sind äußerst wirkungsvolle Instrumentarien, um neue Ideen vorzustellen und zu diskutieren, Aktionen zu planen und vorzubereiten, Informationen zu erhalten und weiterzuleiten, gemeinsame Projekte zu entwickeln und dafür Mitstreiter zu gewinnen.

Es ist interessant festzustellen, dass diese Instrumentarien selbst zum Teil dem Modell der sozialen Ökonomie folgen. Unendliche Mengen geistigen Eigentums werden frei verfügbar für jedermann ins Internet gestellt. Die Plattform Wikipedia ist eine freie Enzyklopädie, die sich zum überwiegenden Teil aus den Beiträgen von Menschen aufbaut, die ihr Wissen unentgeltlich an andere weitergeben. Software-Entwickler stellen ihre Produkte zur freien Nutzung ins Internet, verbunden mit der Einladung an alle Interessierten, an deren Weiterentwicklung mitzuarbeiten. Es ist denkbar, dass das Internet neben den wirtschaftlichen und kulturellen Veränderungen auf diese Weise auch eine Umwälzung im sozialen Bewusstsein der Gesellschaft in Gang setzt.

Der Bewusstseinswandel in der Gesellschaft, auch wenn er bisher nur in Ansätzen zu spüren ist, hat auch die Unternehmen der kapitalistischen Wirtschaft nicht unberührt gelassen. Selbst die großen transnationalen Konzerne, die „Global Players“ der Weltwirtschaft, entdecken langsam ihre Sozialpflichtigkeit, weil die Bevölkerung, das heißt ihre Kunden als Konsumenten, zunehmend sensibilisiert werden – unter anderem durch Informationen über das Internet – für die Art und Weise, wie sie ihre Geschäfte betreiben. Aber nicht nur von Seiten der Konsumenten, sondern teilweise auch der Anteilseigner, wenn es sich wie etwa bei den amerikanischen Privatuniversitäten um finanzstarke öffentliche Institutionen handelt, werden sie genötigt, sich nach und nach verbindliche Verhaltenskodices zuzulegen, die Rücksicht beim Umgang mit der Umwelt und Beachtung sozialer Standards nicht nur bei den eigenen Arbeitnehmern, sondern auch bei ihren Zulieferern einfordern.

Man sollte auch nicht das bedeutende Engagement vieler erfolgreicher Unternehmer für die Gemeinschaft übersehen, die ihr Vermögen zum Teil schon zu ihren Lebzeiten in eine Stiftung einbringen, aus der kulturelle und soziale Projekte gefördert werden. Es ist ein merkwürdiges Phänomen, dass in den USA, wo die Freiheit des Kapitals im Bewusstsein der Gesellschaft geradezu als unantastbar gilt, andererseits es als fast selbstverständlich erwartet wird, dass große Vermögen der Allgemeinheit in Form von Stiftungen zukommen. Das Stiftungswesen ist in den USA nicht nur dank großzügiger steuerlicher Regelungen hoch entwickelt und weit verbreitet, sondern vor allem weil der Stifter großer Vermögen in der Gesellschaft ein hohes soziales Ansehen genießt.

Das Stiftungswesen ist in Deutschland bei weitem nicht so ausgeprägt wie in den USA, aber auch hier kommt es immer häufiger vor, dass Menschen, die mit ihrem Unternehmen ein großes Vermögen erworben haben, den größten Teil davon der Gesellschaft in Form einer Stiftung sozusagen wieder zurückgeben, im Bewusstsein der Tatsache, dass nicht nur die eigene Tüchtigkeit, sondern auch das gesellschaftliche Umfeld zu diesem unternehmerischen Erfolg beigetragen hat. So haben in jüngster Zeit einer der Gründer des Software-Unternehmens SAP, Dietmar Hopp, und der Besitzer der DM-Drogeriekette Götz Werner, sich von einem Großteil ihres Besitzes getrennt und ihr Vermögen in eine Stiftung eingebracht. Im Falle Götz Werner verbindet sich dieser Akt sozialer Ökonomie mit seinem Eintreten für ein bedingungsloses Grundeinkommen, das, wenn es eingeführt würde, zu einer radikalen Veränderung unseres gesellschaftlichen Bewusstseins führen würde.

Diese Beispiele aus der Vielfalt des gesellschaftlichen und des Wirtschaftslebens sind unübersehbare Beweise dafür, dass die Versprechungen des Kapitalismus, die Gesellschaften zu befrieden und die Menschen zu beglücken, zunehmend infrage gestellt werden und dass über Alternativen zu dieser angeblich naturhaft-unausweichlichen Wirtschaftsordnung ernsthaft nachgedacht und auch mit ihnen bereits geprobt wird. Aber man darf sich auf der anderen Seite auch nicht der Illusion hingeben, dass damit schon eine Trendwende eingetreten ist. In der Realität unserer wirtschaftlichen Verhältnisse, aber auch im Bewusstsein der meisten Menschen in den westlichen Gesellschaften herrschen weiterhin nahezu unumschränkt die Gesetze und Regeln der kapitalistischen Wirtschaft und die Denkschemata der kapitalistischen Ideologie, vor allem aber die Wertvorstellungen, die der Kapitalismus der Gesellschaft imprägniert hat.

An dieser Stelle gilt es anzusetzen, wenn es gelingen soll, eine Gesellschaftsordnung herzustellen, in der die kapitalistische Wirtschaft ihre herrschende Position verliert und zur Rolle einer Dienerin des Gemeinwohls findet. Es geht darum, die Vorstellungen des „Mehr ist Besser“ und des absoluten Vorrangs des Eigeninteresses vor allem anderen wieder aus den Köpfen der Menschen herauszubringen, in denen sie nicht, wie uns versucht wird weiszumachen, von Natur aus unverrückbar verankert sind. Es ist nicht zu bestreiten, dass diese Vorstellungen in den Menschen angelegt sind, aber erst die unablässigen Reize, denen sie ausgesetzt sind, der ständige Appell, der von der Werbung auf sie ausgeht, hat sie so stark gemacht, dass sie alle anderen Affekte dominieren.

Es kommt darauf an, diese anderen natürlichen Anlagen des Menschen wie Hilfsbereitschaft, Gemeinschaftsgefühl, Bedürfnis nach spiritueller Bereicherung wieder zu stärken, die im Ansturm der Werbung für materiellen Konsum verkümmert sind, um so wieder eine Balance im Gefühlshaushalt und in den Wertvorstellungen der Menschen herzustellen. Es bedarf einer Idee, die zeitgemäß und dem Bewusstseinsstand des modernen Menschen angemessen ist und dabei attraktiv genug, um sich gegen die Appelle an die egoistischen Gefühle zu behaupten.

Die Haltung der Generosität könnte eine solche Idee sein, die in die Wertvorstellungen der kapitalistischen Gesellschaften eindringen und sie langsam, aber entscheidend verändern könnte. Was soll man unter Generosität verstehen, wie definiert sie sich? Ich möchte zunächst einmal versuchen, sie sozusagen negativ, aus ihrem Gegenteil heraus zu beschreiben.

Der moderne Mensch ist in die Klauen der Reziprozität geraten, die ihm befiehlt, nur das und nur so viel zu geben, wofür es auch eine genau abgemessene, gleiche Gegenleistung gibt. Er kann und will nicht darauf vertrauen, dass sich seine Leistung für den anderen irgendwie auch schon für ihn bezahlt machen wird, nicht weil er ihm grundsätzlich misstraut, sondern weil er ihn nicht kennt, weil in der modernen Massengesellschaft die Distanz, die Entfremdung zwischen den Menschen eine solche Dimension angenommen hat, dass gefühlsmäßige Beziehungen, und dazu gehört das Vertrauen, kaum mehr aufzubauen und aufrecht zu erhalten sind. Außerdem hat der moderne Mensch gelernt, dass die Methode der Reziprozität, gerade weil sie objektiv, rechnerisch nachvollziehbar ist, die Beziehungen der Menschen untereinander sehr verlässlich und verträglich gestalten lässt, befreit von allen Unwägbarkeiten, die mit Gefühlen verbunden sind.

Die Reziprozität gibt dem Menschen Sicherheit, in dieser Welt unter Fremden, einer Welt, die in ständiger Bewegung ist, seinen Weg zu finden. Denn bei aller materiellen Vielfalt und Komplexität ist diese Methode, diese Richtschnur des Handelns immer gleich und leicht verständlich: sie wird über den Preis vorgegeben. Nicht nur vermittelt die Reziprozität Sicherheit, sie ist auch die einzig *vernünftige* Methode der zwischenmenschlichen Beziehungen und ist von daher die einzig angemessene in einer durchrationalisierten Welt. Sie ist vernünftig, indem sie sich nicht auf die Menschen in ihrer oft beobachteten Unbeständigkeit und Wankelmütigkeit verlässt, sondern auf feste Regeln und Gesetze, die in von allen anerkannten Vertragswerken niedergelegt sind und auf die man sich jederzeit berufen kann.

Demgegenüber scheint die Generosität allzu sehr mit dem Altruismus verwandt zu sein, einer Tugend, der man in der modernen Gesellschaft eine Nischenexistenz im extremen Privatbereich zugewiesen hat, die aber für das Alltagsleben als geradezu lebensgefährlich angesehen wird. Ein Leben oder gar die Ordnung einer Gesellschaft auf das Prinzip des Altruismus zu gründen, gilt zu Recht als unmöglich, zum einen da die altruistischen Bestrebungen im Menschen nicht stark genug ausgeprägt sind, um sich gegen seine egoistischen Tendenzen durchzusetzen, was entsprechend auch für eine Gesellschaft als Ganzes gilt, zum anderen weil der Mensch nicht darauf angelegt ist, „nur" für andere da zu sein, sondern seine Natur dahin strebt, sich selbst zu behaupten und zu entwickeln.

Die Generosität aber ist keine totale Absage an den Egoismus. Die Beziehung zwischen den beiden Verhaltensweisen ist nicht die eines fundamentalen Gegensatzes, wie man das für das Verhältnis zwischen Egoismus und Altruismus sagen kann. Es ist mehr ein Verhältnis der Einschränkung, nicht der Unterdrückung des einen durch die andere, der Mäßigung einer ungesunden Dominanz und unangemessenen Diktatur des Egoismus über den Menschen, seiner Überwindung, aber nicht im Sinne des Niederdrückens, sondern des Über-ihn-Hinausreichens, des Ihn-hinter-sich-Lassens.

Man könnte die Generosität als eine Art „abgebremsten" Altruismus bezeichnen, der sich in einer Mentalität der Fülle entfaltet. Das bedeutet aber nicht, dass eine materielle Fülle, gar ein Überfluss zu den Grundlagen und unbedingten Voraussetzungen der Generosität gehören. Natürlich erleichtert ein materieller Überfluss generöses Handeln, aber so wie er es nicht zwangsläufig hervorbringt – der Geiz und die Habgier der Reichen sind als Gegenbeispiel allzu bekannt – so kann Generosität auch in materieller Armut stattfinden, wenn nur eine geistige Fülle, eine angemessene Distanz zum Besitz vorhanden ist.

Fülle lässt sich nicht materiell bestimmen, sondern ist ein Produkt der Vorstellungen und Einstellungen des Menschen zu dem, was er hat. Entsprechend vielfältig sind die Motivationen und Akte der Generosität. Sie durchlaufen ein großes Spektrum, das reicht vom Verschwenden des

Überflüssigen, Verschenken, Abgeben, Nicht-Brauchen, Nicht-Bedürfen bis Entbehren-Können.

Generosität ist aber nicht nur abgebremster Altruismus, sie hat auch durchaus etwas vom Egoismus. Man könnte sie als aufgeklärten Egoismus bezeichnen, aufgeklärt insofern, als er nicht blind einem animalischen Drang folgt, sondern sich an etwas orientiert, das über ihn selbst hinausweist. Der Wert des Menschen wird unendlich dadurch erhöht, dass er fähig ist, sich selbst Gesetze zu geben und diese zu befolgen.

Generosität ist ein solches selbst gesetztes Gebot, das sich über den ursprünglich egoistischen Drang hinwegsetzt und sich damit einen eigenen Freiraum verschafft. Er führt heraus aus der Enge und den Grenzen des eigenen Ich und erweitert die Persönlichkeit durch die Beziehung zu der anderen Person. Die Generosität reißt den Menschen heraus aus der Beschränktheit der Reziprozität und hinauf in eine größere Dimension, in der die Gesetze der Arithmetik, die das kleinliche Rechnen leiten, nicht mehr gelten, ja, sich umkehren, insofern ein Weniger an Besitz ein Mehr, eine Bereicherung der eigenen Persönlichkeit mit sich bringt.

Die Generosität ist ein aufgeklärter Egoismus, indem sie in großen Räumen denkt und handelt, eine Art Reziprozität, die sich auf ein ganzes Universum erstreckt. Man gibt dem anderen, ohne von ihm direkt etwas anderes zu verlangen, als dass er seinerseits an andere weitergibt, man gibt der nächsten Generation, weil man von der früheren ohne Gegenleistung empfangen hatte.

Die Generosität verfolgt kein bestimmtes Ziel, aber sie wird getragen von einer Vision: eine Gemeinschaft zu schaffen, in der es sich lohnt zu leben. Durch das wechselseitige Geben und Nehmen entsteht eine Gesinnung des Helfens und Zukommen-Lassens, bei der man nicht mehr reziprok und nachkontrollierbar, sondern nur noch anonym und befriedigend das zurückbekommt, was man selbst in die Gemeinschaft investiert. Vom Egoismus monetärer Prägung unterscheidet sie sich darin, dass sie nicht verlangt, sondern erwartet, nicht rechnet, sondern genießt, nicht trennt, sondern bindet, nicht abkühlt, sondern erwärmt.

Es ist wichtig zu betonen, dass die „Belohnung“, die dem generösen Verhalten irgendwann, irgendwie, von irgendwem gewährt wird, ganz und gar unabhängig zu sehen ist von dem Akt des Schenkens, dass dieser nicht mit einer wie auch immer gearteten konkreten Erwartung einer späteren Rückerstattung verbunden ist. Zwar gehört beides, das Geben wie die „Belohnung“ zum Wesen der Generosität, aber der Akt der Generosität ist nur dann ein solcher , wenn er völlig frei von Überlegungen einer zukünftigen Belohnung ist.

Das klingt zwar widersprüchlich, weil nach unserer Definition das generöse Handeln nicht umsonst ist, sondern sich irgendwann „bezahlt“ macht, aber es ist ein sozusagen unverdienter Zugewinn, denn die eigentliche Belohnung hat sich bereits mit der Tat selbst erfüllt. Es ist der Sieg über die Gebundenheit an die materiellen Dinge, es ist die Überwindung der Distanz zum Nächsten im Akt des Schenkens, es ist die Erhöhung des Selbstwertgefühls durch das Gefühl des Miteinander, es ist der Gewinn an Freiheit durch die Erkenntnis, was man alles nicht braucht.

Die Generosität ist eine Tugend, die kein Gebot und keine Regel von außen braucht. Sie muss nicht von der Gesellschaft verordnet werden, sie kann, wenn sie von genügend Menschen ergriffen wird, ihrerseits die Gesellschaft ordnen, das heißt, ihr einen Halt, eine Richtung geben. Sie ist eine Tugend der Freiwilligkeit, die neben allen anderen Regeln und Geboten der Gesellschaft, aber auch neben anderen Verhaltensweisen praktiziert werden kann.

Sie ist ein Verhalten, das jeder für sich ausprobieren kann. Sie verlangt nicht, dass man sein Leben radikal ändert, man muss nicht Haus und Hof und Weib und Kind verlassen, um sich ganz dem neuen Ideal zu ergeben. Sie ist bescheiden in ihren Anforderungen, sie hat keinen Absolutheitsanspruch, sie verlangt keine Perfektion, man muss sie nicht immer und überall praktizieren, aber indem man sie immer wieder übt, wie es Aristoteles in seiner Tugendlehre in der Nikomachischen Ethik dargelegt hat, entwickelt sich allmählich eine feste Haltung. Die Generosität wird zur Selbstverständlichkeit, zu einer die ganze Persönlichkeit bestimmenden Moral. Dazu trägt sicherlich auch die Bestätigung bei, die man selbst konkret erfährt und die man in der Gesellschaft findet, wenn eine solche Kultur der Generosität dort Wurzeln geschlagen hat.

Wir haben Generosität als einen aufgeklärten Egoismus bezeichnet, insofern der Mensch freiwillig etwas von sich abgibt, um eine Gesellschaft zu schaffen, in der es ihm selbst gut geht. Die Generosität ist sozusagen eine homöopathische Behandlung der kapitalistischen Krankheit, an deren Ende ein neuer, durch Gemeinschaftsorientierung geheilter Kapitalismus entsteht.

Aufklärung über die zerstörerischen Folgen des ungebändigten Kapitalismus ist sicherlich notwendig, um den Weg zu einer neuen, ethisch verantwortungsbewussten, am Gemeinwohl orientierten Wirtschaftsordnung zu öffnen, aber der Appell an die Vernunft ist nicht ausreichend, um die egoistischen Instinkte einzudämmen und umzulenken, die den kapitalistischen

Wirtschaftsprozess in all seinen Facetten, bei den transnationalen Konzernen wie beim kleinen Sparer, antreiben. Der Evolutionsbiologe Manfred Milinski hat mit Studenten ein Experiment zum Problem der Klimaveränderung gemacht, um herauszufinden, wie weit immerhin gut aufgeklärte Menschen bereit sind, zum Schutz des Klimas auf eigene Vorteile zu verzichten. Das Ergebnis war ernüchternd. In der Mehrzahl haben die Probanden versucht, wenn sie es verheimlichen konnten, sich um ihren eigenen Beitrag zu drücken in der Hoffnung oder Erwartung, dass die anderen diese Lücke auffüllen würden. Wenn man sich die aktuelle Politik in Sachen Klimaschutz anschaut, so bestätigt sie die Erkenntnisse dieses Experiments vollinhaltlich.

Es bedarf schon mehr als bloßer Aufklärung, die selbstverständlich die Basis jeder Bewusstseinveränderung ist, um eine Gesellschaft in ihrer Wertordnung und in ihrem tatsächlichen Verhalten in eine andere Richtung, oder sollen wir sagen, auf eine höhere Stufe ihres Bewusstseins und ihrer Zivilisation zu führen. Es bedarf einer neuen Idee vom Sinn des Lebens, die so überzeugend als Alternative zum derzeitigen immer deutlicher als leer und gleichzeitig ruinös empfundenen Lebensstil der Gesellschaft empfunden wird, dass sie die Menschen auch emotional erfasst.

Die Veränderung des Weltbildes und des Verhaltens muss aus dem Inneren der Gesellschaft kommen, von den Menschen selber ausgehen und von ihnen getragen werden. Sie kann weder durch Aufklärung noch gar durch Dekret erreicht werden, sondern nur durch eine Veränderung der Einstellung der Menschen zu ihrem eigenen Leben und zu der Gemeinschaft, in der sie leben. Hier hat es mit dem Beginn der Moderne in immer neuen Schüben eine Revolution des Bewussteins gegeben, die mit dem jetzt erreichten Zustand einen Höhepunkt, wenn auch wohl nicht einen der Qualität, sondern des Extrems erreicht zu haben scheint. Die Entdeckung des Individuums, seiner Rechte und seiner Möglichkeiten hat zu einer beispiellosen Umwälzung der gesellschaftlichen Wertordnung geführt. Der Fokus des gesellschaftlichen Bewusstseins hat sich von der Gemeinschaft auf das einzelne Individuum verlagert, das jetzt mit all seinen Ansprüchen im Mittelpunkt steht. Individuelle Selbstverwirklichung ist so wichtig für das Erreichen der Lebensziele geworden, dass sie die Gemeinschaftsorientierung nahezu verdrängt hat und nur noch in Nischen zum Vorschein kommen lässt.

Diese individualistischen Tendenzen haben einerseits der Entwicklung des Kapitalismus einen bedeutenden Schub gegeben, umgekehrt werden sie jetzt von einem kapitalistischen Wirtschaftssystem mit Macht gefördert. Die kapitalistische Ideologie verspricht den Menschen die Sinnerfüllung ihres Lebens in der unbeschränkten Aneignung materieller Güter und in einem grenzenlosen Angebot an Unterhaltung. Solange die Menschen dieser Glücksverheißung anhängen, wird sich das gesellschaftliche Bewusstsein nicht verändern und wird die Gesellschaft den Mechanismen und Regeln des kapitalistischen Systems folgen, auch wenn dieses, wie an vielen Beispielen – Klimaveränderung, Finanzkollaps – ersichtlich, inzwischen ruinöse Formen annimmt.

Es kommt also darauf an, dass die Menschen zu einer neuen Form der Lebenskunst finden, oder besser gesagt, überhaupt erst wieder die Kunst des Lebens lernen. Denn dem Lebensstil, der von der kapitalistischen Ideologie der Bereicherung bestimmt wird, fehlt die Souveränität, die den Kern der Lebenskunst ausmacht. Lebenskunst bedeutet in erster Linie, sich selbst Ziele zu setzen und sich nicht fremd bestimmen zu lassen. Das Glücksversprechen des Kapitalismus aber lässt dem Menschen keinen Raum, sich selbst und seine Bedürfnisse zu definieren, sondern drängt ihm rein materielle Vorstellungen vom Glück und Lebenssinn auf, die allein er, der Kapitalismus, in der Lage ist zu erfüllen.

Der Kapitalismus kann keinen Sinn vermitteln, da er selbst keine über sich selbst hinausreichende Ziele hat. Sein einziger und eigentlicher Sinn ist Wachstum, Wachstum um seiner selbst willen, und diesen Sinn vermittelt er den Menschen der kapitalistischen Gesellschaften. Wenn es darum geht, eine Ethik für eine post-kapitalistische Gesellschaft zu entwickeln, so besetzen wir einen leeren Raum. Der Kapitalismus hat keine wie auch immer gearteten gesellschaftlichen Wertvorstellungen. Als echtes Kind der Aufklärung hält er sich strikt an das, was real und material vorhanden ist, und findet dort keinen Grund für irgendwelche ethischen Prinzipien. Er glaubt aber auch, sie nicht zu benötigen, da er sich aus der angeblichen Effizienz, mit der er die Gesellschaft zu Wohlstand bringt, als bestens geeignet für die Organisation einer Gesellschaft rechtfertigt.

Nicht nur sind inzwischen massive Zweifel an dieser angeblichen Effizienz angebracht, es ist aber auch nicht möglich, die Menschen allein mit der Zusicherung materiellen Wohlstands glücklich zu machen, geschweige denn eine Gesellschaft zu organisieren und zusammenzuhalten, in der die Menschen ausschließlich auf die Verfolgung ihrer individuellen Bereicherung ausgerichtet sind. Die Erkenntnis, dass ein solches Glücksversprechen nicht nur verlogen und inhaltslos, sondern auf Dauer auch gefährlich für den Zusammenhalt der Gesellschaft ist, dämmert inzwischen vielen Menschen, ohne dass sie sich bereits den Zwängen und Verlockungen dieser Ideologie entziehen können. Die Menschen sind verunsichert, sie sind auf der Suche nach einem neuen Halt.

Vielleicht stehen wir jetzt, nachdem der Primat des Individualismus, den die Aufklärung mächtig angestoßen und gestärkt hat, seinen vorläufigen, erkennbar überzogenen Höhepunkt erreicht hat, vor einem neuen Wendepunkt in der Geschichte der Menschheit, in der die Notwendigkeit, aber auch der Charme des Miteinander wieder, oder besser gesagt, in einer neuen Form, auf einer neuen Ebene entdeckt und umgesetzt wird. Denn es gibt keinen Weg zurück zu den dumpfen Formen des früheren Aneinander-Gebundenseins durch göttliche Gesetze und gesellschaftliche Zwänge. Die neue Form des Miteinander und Füreinander muss auf der Basis der Freiwilligkeit entstehen und sie muss die Errungenschaften der Menschheit auf dem Weg zur individuellen Selbstverwirklichung erhalten. In diesem Sinne sind auch die positiven Aspekte des Kapitalismus zu bewahren und in die neue gesellschaftliche Ordnung einzubringen.

Es geht nicht darum, den Kapitalismus abzuschaffen, selbst wenn das möglich wäre, sondern ihn in den Dienst der Gesellschaft einzubinden. Dazu bedarf es einer Idee, die ihn zwar überschreitet, aber ihn nicht infrage stellt. Die Generosität, wie wir sie beschrieben haben, als ein Geben in der Erwartung des Zurückerhaltens, aber ohne den Zwang der Reziprozität, lässt sich problemlos verbinden mit den Grundprinzipien der kapitalistischen Wirtschaftsordnung. Der Drang zur Entfaltung der eigenen Persönlichkeit und all ihrer Fähigkeiten wird nicht gebremst, aber er wird von seiner einseitigen Ausrichtung auf materielle Bereicherung abgelenkt und auch von der Zwanghaftigkeit, dass jedem Geben ein adäquates Nehmen gegenüberstehen muss.

Die Beziehungen zwischen den Menschen werden großräumiger, weil man gibt ohne direkten Bezug zur eigenen Person. Sie werden weicher, weil ihnen die Härte des Kontraktes auf Gegenseitigkeit abgeht. Die Gesellschaft als Ganzes wird entspannter, weil nicht nur das Drängen nach Vorteilen, sondern vor allem auch die Angst, nicht übervorteilt zu werden, abnimmt. So würde zum Beispiel bei der Einführung eines bedingungslosen Grundeinkommens aus einem Geist der Generosität der Gesellschaft gegenüber ihren Mitgliedern heraus die derzeit das Klima zwischen den sogenannten Leistungsträgern und den Hartz-IV-Empfängern vergiftende Animosität verschwinden, die unter anderem zur Einrichtung der entwürdigenden Ein-Euro-Jobs geführt hat. Die Gesellschaft würde geben in der sicheren Erwartung, dass sie von den Empfängern auf die eine oder andere Art auch etwas zurückbekommen würde.

Wir haben in den vergangenen Jahrhunderten, in denen das Bewusstsein für unsere individuellen Rechte und Möglichkeiten erwacht ist und sich entwickelt hat, gelernt, uns der Welt zu bemächtigen. Es ist jetzt wohl an der Zeit, dass wir auch das Loslassen lernen. Die Fähigkeit des Loslassens, des Nicht-Brauchens, des Entbehren-Könnens, nicht im Sinne eines Notleidens, sondern als souveräner Verzicht, bleibt in einer von den Sachzwängen des Kapitalismus beherrschten Gesellschaft, in der es ausschließlich um Wachstum, Vermehrung, Bereicherung, Anhäufung geht, notwendigerweise stark unterentwickelt. In einer vom Geist der Generosität durchdrungenen Gesellschaft fällt das Loslassen leicht, weil man gelernt hat, dass Loslassen auch ein Akt der Befreiung ist und weil man sich nicht sorgen muss, dass man dadurch Schaden leidet.

Die Aufklärung hat uns die Herrschaft der Vernunft gebracht, und keiner dürfte sich zurücksehnen in die Zeiten, in denen Unwissenheit, Aberglaube, aber auch ein von religiösen Hierarchien institutionalisierter Glaube das Leben der Menschen bestimmte. Aber wir haben die Vernunft zur Alleinherrscherin gemacht, wir unterwerfen alle Lebensbereiche ihrem Urteil und glauben, damit die Gesellschaft perfektionieren zu können. Wie weit wir uns damit von der Realität der menschlichen Existenz entfernen, zeigt eindrucksvoll schon die Sprache. Das Zauberwort des Kapitalismus heißt Rationalisierung, weil damit die Produktionsabläufe verbessert und die Gewinne gesteigert werden. Das Wort kommt von ratio, dem lateinischen Wort für Vernunft. Wie menschenunwürdig aber ist diese „Anwendung der Vernunft", wenn durch sie immer mehr Menschen „freigesetzt" werden, wie es so schön heißt, weil ihre Arbeitskraft nicht mehr gebraucht wird. Allein an diesem Beispiel zeigt sich, dass die Alleinherrschaft der Vernunft in Tyrannei umschlagen kann, weil sie die weitergehenden Bedürfnisse der Gesellschaft unterdrückt und verkümmern lässt. Welches Ausmaß an Perversion dieser „Vernunftgebrauch" angenommen hat, mag man daraus ersehen, dass jedes Mal, wenn solcher Art Rationalisierungen, die zu Massenentlassungen führen, angekündigt werden, die Aktienkurse der betreffenden Unternehmen in die Höhe springen.

So wie es an der Zeit ist, den blinden Egoismus durch eine Art aufgeklärten Egoismus abzulösen, so muss auch die Herrschaft einer solchen blindwütigen Vernunft durch eine aufgeklärte Vernunft beendet werden, die sich nicht als Alleinherrscherin im menschlichen Universum sieht. Die Generosität ist in einem gewissen Sinne unvernünftig. Sie kann nicht, wie das bei einer Vertragsvereinbarung der Fall ist, die Gründe nachvollziehbar darlegen, warum sie schenkt. Es kommt ja für dieses Geben nichts Handfestes, nichts vernünftig Nachprüfbares zurück. Die Motive für generöses Handeln, die wir genannt haben, die innere Freiheit, die das Abgeben vom eigenen und die Hinwendung zum anderen bringt, die Erwartung, dass von irgendwoher auch man selbst wieder in dieser Form beschenkt wird, sie halten einer strengen Prüfung durch die Vernunft nicht stand. Und doch sind sie real. Sie wurzeln in unserem Gefühl, sie werden aber auch bestätigt durch unsere Erfahrung.

Eine andere Welt ist möglich – aber nur wenn es uns gelingt, zu einer anderen Sicht der Welt zu kommen. Dabei geht es in erster Linie nicht um die große Weltverbesserung, sondern um die kleine Welt, die wir selber sind, und unsere kleine überschaubare Umwelt. Wie Gandhi gesagt hat, müssen wir die Welt, die wir uns wünschen, selber sein. Das bedeutet, der Ausstieg zu einer postkapitalistischen Gesellschaft fängt bei uns selber an. Wir müssen den Mut finden daran zu glauben, dass wir auch ohne das Netz des reziproken Handelns – „Ich gebe Dir nur das, was Du mir zurückgibst" – in dieser Welt nicht nur überleben, sondern sogar glücklicher werden können, als es uns der kapitalistische Traum verspricht.

Das bedeutet nicht, dass die Kampagnen im politischen Bereich, die Demonstrationen gegen eine Globalisierung ohne Rücksicht auf die davon betroffenen Menschen, die Manifeste gegen die Umweltverschmutzung und die vielen anderen Sünden im Namen der Wachstumsideologie, der Kampf gegen die Lobbyisten, die der Politik die Gesetze schreiben, dass all diese Bemühungen nicht nötig sind oder gar vergeblich. Man muss das eine tun und das andere nicht lassen. Denn gerade diese öffentlichen Aktionen haben natürlich auch eine Wirkung nach innen, machen mehr und mehr Menschen darauf aufmerksam, dass etwas nicht stimmt mit dem System, in dem sie sich noch ganz gut eingerichtet haben.

Die Wende aber kommt nur durch eine Änderung des Verhaltens der Menschen, und dafür bedarf es neben der Aufklärung auch eines neuen Lebensgefühls. Denn der Weg zu einer Änderung des Bewusstseins geht nicht nur über den Verstand, sondern auch und vielleicht sogar vor allem über das Gefühl. Wir brauchen ein neues Gefühl für uns selbst und für die Menschen um uns. Wir dürfen uns nicht länger als Objekt fremder Interessen sehen und behandeln lassen, sondern müssen Selbstsorge betreiben, um den Sinn unseres Lebens in uns selbst zu finden. Und wir dürfen auch die Welt um uns herum und insbesondere die Menschen, mit denen wir in einer Gesellschaft zusammenleben, nicht nur als Objekte unserer Interessen sehen, sondern als Teil von uns selbst, deren Beschädigung letztlich auch uns schadet und deren Bereicherung auch uns bereichert.

Alle Menschen streben nach dem Glück. Diese Aussage des Aristoteles dürfte unbestritten und zeitlos sein, obwohl oder gerade weil sie das Wesen des Glücks unbestimmt lässt. Was das Glück für den Menschen ist, entzieht sich einer für alle geltenden Definition. Sicherlich aber kann man sagen, dass der Mensch nicht glücklich ist, wenn er mit sich nicht eins ist, nicht in sich ruht. Und er kann nicht glücklich leben, wenn die Gesellschaft, in der er eingebunden ist, gespalten und im Unfrieden mit sich ist. In den kapitalistischen Ländern sind die Menschen zwar reich an materiellen Gütern, aber sie sind in ihrer Mehrzahl nicht glücklich, weil sie sich dem Zwang zum Mehr – mehr Konsum, mehr Arbeit, mehr Geld, mehr Sicherheit, mehr Vergnügen – oft gegen ihren Willen nicht entziehen können.

In der Gesellschaft herrscht ein oft kaum wahrgenommener, weil schon eingefleischter unablässiger Konkurrenzkampf um die besseren Positionen, den größeren Einfluss, das höhere Ansehen, der nicht nur zu ständiger Anstrengung und Anspannung führt, sondern die Mitmenschen zu anonymen Objekten in einem ewigen Machtspiel degradiert. Eine solche Gesellschaft ist nicht in der Lage, glückliche Menschen zu beheimaten. Sie ist aber bei all der Energie, die in ihr brodelt, nicht einmal wirklich produktiv, im Gegenteil, sie raubt den Menschen die positive Energie, die sie zum Glücklichsein benötigen.

Eine solche Gesellschaft macht die Menschen nicht nur unglücklich, sondern auch krank. Wir wollen nicht so weit gehen, wie es manche Eiferer gegen den Kapitalismus behaupten, in der Zunahme der Krebserkrankungen eine direkte Auswirkung des kapitalistischen Systems zu sehen. Dazu ist diese Krankheit, wenn sie auch die Zivilisationskrankheit unserer Zeit ist, in ihren Ursachen noch immer nicht genug erforscht. Es ist allerdings unbestritten, dass zahlreiche Krebserkrankungen, die auf Verstrahlungen, langjähriges Einatmen oder sonstige Berührung mit Chemikalien und industriellen Giften oder auf ähnliche durch den Beruf bedingte oder am Wohnort entstandene Gefährdungen auf das nachlässige, rücksichtslose Verhalten von Unternehmen zurückzuführen sind, die sich nach der kapitalistischen Maxime ausschließlich der Steigerung des Gewinns verpflichtet fühlen.

Die Zunahme der Diabetes-Erkrankungen ist allerdings mit deutlich größerer Sicherheit dem kapitalistischen System zuzurechnen und zwar weniger, weil es den Menschen der westlichen Gesellschaften erlaubt, sich mehr als satt zu essen, sondern weil die Nahrungsmittelindustrie, von der Produktion über die Fast-Food-Gastronomie bis in die Supermärkte die Menschen durch eine verführerische Werbung dazu verleitet, sich mit fett- und zuckerreichen Speisen zu ernähren. Perfiderweise richtet sich diese Werbung bereits an die kleinsten Kindern, und es ist kein Zufall, dass unsere Gesellschaft als erste das Phänomen einer weitverbreiteten Kinder-Diabetes erlebt.

Auch die Zunahme der Kreislauferkrankungen, Schlaganfälle, Herzinfarkte kann wohl zum Teil auf den Leistungsdruck und die Überforderung zurückgeführt werden, die von der kapitalistischen Wettbewerbsideologie ausgehen. Viele Menschen zerbrechen auch seelisch daran, helfen sich selbst eine Zeitlang mit Beruhigungs- und Aufputschmitteln, um dann schließlich in den psychiatrischen Anstalten zu landen, wenn sie nicht gleich den Ausweg des Suizids wählen.

Die Zunahme der seelischen Erkrankungen ist noch stärker als die auffallende Steigerung der drei klassischen Zivilisationskrankheiten, Krebs, Diabetes, Kreislauf, ein untrügliches Zeichen dafür, dass mit unserer Gesellschaft etwas nicht in Ordnung ist. Die kapitalistische Wirtschaftsordnung zwingt oder verführt die Menschen dazu, sich nicht so zu verhalten, wie es ihnen zuträglich ist. Nicht die Interessen der Menschen stehen im Mittelpunkt, sondern die des Kapitals.

Diese widernatürliche Umkehrung der Gewichte gilt es zu korrigieren. Das Kapital hat den Menschen zu dienen, und nicht die Menschen dem Kapital. Der neoliberale Irrtum, man könnte auch sagen Irrsinn, besteht darin zu glauben, die Menschen müssten zunächst ihre Interessen dem Kapital opfern, dann würde dieses im Gegenzug auch die Menschen belohnen und das Füllhorn seiner Güter über sie ausströmen lassen. Der Weg zum Glück führt aber nicht über die Herrschaft des Kapitals, weil dieses keinen Bezug zu den Bedürfnissen des Menschen hat, sondern nur seinem eigenen Gesetz gehorcht, nämlich immer weiter zu wachsen.

Der Kapitalismus hat aus Mangel an einer eigenen Wertordnung ein Medium des Tausches, das Geld, zu seinem fundamentalen Wert gemacht und hat sich dessen innerer Logik, die nichts kennt als Wachstum, ausgeliefert. Diese Wertordnung, die eigentlich keine ist, weil das Geld keinen Wert in sich selbst hat, gilt es abzulösen durch eine Ethik, die vom Menschen und seinen Bedürfnissen ausgeht. Die Ethik für eine postkapitalistische Gesellschaft ist keine Verbotsethik im traditionellen Sinne, sondern eine Ethik des Angebots für ein freieres, ein besseres Leben. Indem der Mensch sich frei macht von den Zwängen der Reziprozität und sich ohne Angst vor Verlusten den anderen gegenüber öffnet und von sich abgibt, indem er die Tugend der

Generosität entdeckt und pflegt, schafft er sich diese Freiheit und die Grundlage für ein gutes Leben nicht nur für sich, sondern auch für die Gesellschaft.

Wir haben die Möglichkeit, die Welt zu verändern und zu verbessern, nicht plötzlich und gewaltsam, wie es die politischen Ideologien des vergangenen Jahrhunderts mit katastrophalen Folgen versucht haben, sondern durch das eigene Beispiel und ein langsames Reifen der neuen Gesinnung. Die Gesellschaft verändert sich nur, wenn wir uns ändern. Wir müssen bei uns selber anfangen.

Götz W. Werner

„Bedingungsloses Grundeinkommen"

Das Thema Grundeinkommen treibt mich schon seit Anfang der 1980er Jahre um – sozusagen aus der konstruktiven Unzufriedenheit mit den herrschenden Verhältnissen, gleichzeitig aus der Beschäftigung mit dem Werk Rudolf Steiners. Dieser hat 1919 zum ersten Mal darauf aufmerksam gemacht, dass man das gesamte Steuersystem umgestalten solle, indem man am Pol der Ausgaben besteuert, statt am Pol der Einnahmen. Ich bin zusammen gekommen mit Dr. Hardorp, der sich mit dem Thema auch beschäftigt hat, und wir haben 1998 in Heidelberg den ersten internationalen Konsumsteuerkongress organisiert. Obwohl damals fünf Nobelpreisträger anwesend waren, haben sich für diese Frage letztlich wenig Menschen interessiert. Woran liegt das? Es liegt daran, dass unser gesellschaftliches Bewusstsein träger ist als die gesellschaftliche Realität; das trifft auf jeden Einzelnen zu, aber auch auf ganze Gemeinschaften. Dieser Abstand zwischen Bewusstsein und Realität verschafft uns Stress. Je mehr die Realität in Deckung gebracht wird mit dem gesellschaftlichen Bewusstsein, desto weniger haben wir in unserem persönlichen Unternehmen – wir alle sind Unternehmer unseres eigenen Lebens – Stress.

Die Frage ist: Was hat sich geändert in der gesellschaftlichen Realität, sodass unser Bewusstsein nicht mitkommt? Dass unser Bewusstsein nicht mitkommt, können wir auch daran sehen, dass wir kein Arbeitslosenproblem haben, sondern ein Kulturproblem. Es ist ganz offensichtlich, dass wir genug Arbeit haben. Denn ganz viele Arbeitsfelder werden unzureichend bearbeitet: die Familien-, Sozial- und Kulturarbeit sowie die Kunst, die Wissenschaft und die Bildung. Es ist ein Skandal, wie wenig wir dort investieren. Henry Ford sagte einmal, der Wohlstand einer Nation beginne nicht im Forschungslaboratorium sondern im Klassenzimmer.

Der Grund, dass unser Bewusstsein mit der gesellschaftlichen Veränderung nicht mitkommt, liegt darin, dass wir heute in einer absoluten Fremdversorgungsgesellschaft leben. Keiner arbeitet für sich, jeder arbeitet für jemand anderen und jeder weiß, dass andere mit seiner Arbeit rechnen. In unserem Herzen aber sind wir noch Selbstversorger. Wir glauben, wir leben von unserem Einkommen und später von unserer Rente. Wir meinen, wir werden bezahlt für unsere Arbeit. Wenn man jedoch genau hinschaut, stellt man fest, dass dies nicht stimmt.

Woher kommt der Glaube, dass wir von unserem Einkommen leben? Daher, dass im Jahre 1900 noch 40% der deutschen Bevölkerung von der Landwirtschaft lebte, in der man sich selbst versorgte. Wir hingegen bewegen uns heute in der Fremdversorgungswirtschaft – aber mit den sozialen Strukturen, die aus der Selbstversorgungswirtschaft kommen. Das ist unser Problem! Uns ginge es viel besser, wenn wir das begriffen hätten und uns klar machen würden, dass wir immer von der Initiative der anderen leben und nicht von unserer Erwerbsarbeit. Unser Arbeitsbegriff ist verkoppelt mit weisungsgebundener, bezahlter Erwerbsarbeit. Arbeit ist prinzipiell unbezahlbar. Wenn Sie bei uns in einem dm-Markt eine Tube Zahncreme kaufen, bezahlen Sie nicht diese Tube, sondern dafür, dass wieder eine weitere Tube auf dem Regal steht, wenn dann der Nächste kommt. Mit Bezahlung rechnen wir nie ab, sondern ermöglichen das Neue. Deswegen ist jedes Einkommen, das Sie beziehen, nicht die Bezahlung Ihrer Arbeit, sondern die Ermöglichung Ihrer Arbeit. Wenn Sie kein Einkommen bekämen, könnten Sie es sich gar nicht leisten, zu arbeiten. Das heißt, Einkommen ist Beauftragung, nicht Bezahlung! Wenn Sie so einmal umdenken, erhalten Sie einen anderen Blick auf die wirtschaftlichen Realitäten.

Obwohl wir jetzt in der Fremdversorgung sind, besteuern wir aus der alten Erwerbsideologie heraus den Beitrag, den jemand in die Gemeinschaft gibt. Beim Einzelnen durch die Lohnsteuer und bei einer Gemeinschaft durch die Körperschaftssteuer – beide Steuerarten sind einkommensbasiert. Dabei leben wir nicht vom nominalen Einkommen, sondern vom realen Einkommen, also von dem, was wir konsumieren, von dem, was wir von den Leistungen unserer Mitmenschen in Anspruch nehmen. Wir müssen uns bewusst machen, dass wenn wir heute einen Beitrag für die Gesellschaft erbringen, wir Besteuerung und Progression erleben. Sobald wir aber Beiträge entnehmen, erleben wir Regression – „im Dutzend billiger“. Es müsste genau umgekehrt sein: Unser Beitrag müsste freigestellt sein, und bei der Entnahme, bei der wir die Gemeinschaft in Anspruch nehmen, müssten wir den Teil abgeben, den die Gemeinschaft braucht, um die Gemeinschaftsaufgaben zu finanzieren. Denn Steuern sind dazu da, um den persönlichen Konsum zugunsten des gemeinschaftlichen zurückzudrängen. Dies machen wir aber mit einkommensbasierten Steuern, die aus der Selbstversorgungswirtschaft stammen, und deswegen haben wir enorme Probleme. Wir bewegen uns mit dem System der Selbstversorgung in dem der Fremdversorgung.

Gleichzeitig sind einkommensbasierte Steuern auch die Steuern der Binnenwirtschaft. Wir allerdings bewegen uns damit in den Verhältnissen der internationalen Arbeitsteilung, auch Globalisierung genannt. Dadurch erreichen wir, dass in Deutschland geleistete Arbeit im internationalen Vergleich zunehmend teurer wird. Hinzu kommt, dass menschliche Arbeit mit Maschinenarbeit konkurriert. Ein Manager macht im Prinzip nichts anderes, als permanent den Kostenfaktor menschliche Arbeit und Kapitalarbeit gegeneinander abzuwägen und das, was günstiger ist, kommt zum Einsatz. Verteuern wir durch Steuern menschliche Arbeit, wird diese immer mehr rationalisiert, wird immer mehr von produktiveren Maschinen übernommen und geht uns folglich im Bereich der Erwerbsarbeit förmlich aus. Und die Arbeit, die gebraucht wird, nämlich die Bildungs- und Kulturarbeit, diese Arbeit glauben wir, sei nicht mehr bezahlbar.

Demzufolge müssen wir die Arbeit entlasten von der gemeinschaftlichen Finanzierung. Wir müssen das gesamte Wertschöpfungsergebnis – also das Ergebnis von Arbeit, die von Menschen und Maschinen geleistet wurde – besteuern. Heute ist es so, dass wir mit unserem System Menschenarbeit belasten und Maschinenarbeit subventionieren. Maschinen sind unsere modernen Sklaven; sie werden immer mehr und die Menschenarbeit immer weniger. Dabei müssten wir die gesamte Wertschöpfung gleichmäßig besteuern, und das wird erreicht durch die Konsumsteuer. Das ist die Steuer der Fremdversorgung und der internationalen Arbeitsteilung.

Beim Nachdenken über die Konsumsteuer habe ich mir die banale Frage gestellt: Wo bleibt dann der Steuerfreibetrag? Denn dieser ist die soziale Komponente. In unserem Arbeitskreis haben wir damals gesagt: Dann definiert man einfach die Grundlebensbedürfnisse, schätzt den darin liegenden Steueranteil ein und den zahlt man aus. Man macht sozusagen eine Mehrwertssteuerrückvergütung. So sind wir zum Grundeinkommen gekommen und haben festgestellt, dass darüber schon viel früher, vor 250 Jahren, gesprochen wurde.

Denken und träumen Sie sich hinein. Wenn jeder Bürger von der Wiege bis zur Bahre dieses Grundeinkommen hätte, wie wäre Ihre Lebenssituationen gewesen: Als Sie 20 Jahre alt waren, in der Zeit der Ausbildung, der Ehe, des Kinderkriegens, an Ihren Arbeitsplatz. Auch Ihr jetziges Leben würde sich verändern. Schauen Sie dabei auch auf Ihr Umfeld, Freunde, Verwandte, Schwiegereltern, – auch die bösen Nachbarn bekommen dann ein Grundeinkommen. Überlegen Sie, wie das auch das Verhältnis in der Ehe verändern würde. Wenn die Frauen ihr Grundeinkommen hätten, dann müssten sich Männer ganz schön anstrengen. Und stellen Sie sich auch vor, wenn Sie ein Unternehmen hätten und Mitarbeiter bräuchten, die Ihnen helfen, und diese

Mitarbeiter hätten alle ein Grundeinkommen. Auch dann müssten Sie sich anstrengen, interessante Arbeitsplätze zu schaffen, sonst kommt niemand. Man kann sich umschauen, wie viel Menschen formal einen Arbeitsplatz, aber real nur einen Einkommensplatz haben. Viele würden etwas ganz anderes machen, wenn sie ein Grundeinkommen hätten.

So gesehen haben wir auch keinen Arbeitsmarkt, denn der Markt setzt voraus, dass die am Markt Beteiligten auch in der Lage sind, zu verzichten. Das ist für mich der wesentliche Aspekt des Grundeinkommens: Es versetzt den Bürger in die Lage, verzichten zu können. Das ist Freiheit! Freiheit ist nicht, dass der Vegetarier zwischen Schweinefleisch und Rindfleisch wählen kann, sondern Freiheit ist die Fähigkeit zum Verzicht. Goethe sagt:

> ... Dagegen engt und hemmt von jeder Seite
> Der Strom der Welt und reißt uns mit sich fort.
> In diesem innern Sturm und äußern Streite
> Vernimmt der Geist ein schwer verstanden Wort:
> Von der Gewalt, die alle Wesen bindet,
> Befreit der Mensch sich, der sich überwindet.

Und dazu muss man auch den Raum haben. Das Grundeinkommen gibt jedem Bürger einen Freiraum, in dem er sich die Freiheit nehmen kann, die seinem Verständnis, seiner Situation, seinen Intentionen entspricht. Das würde sehr, sehr vieles in unserer Gesellschaft verändern.

Je mehr es uns gelingt, unsere Paradigmen selbst zu überwinden, uns mit dieser Idee vertraut zu machen, sie uns auszumalen, uns in sie hineinzuträumen – am besten mit der Methode des imaginativen Denkens –, desto mehr Wirksamkeit hat sie. Unterschätzen Sie nicht die Kraft von Gedanken! Sie ist oft viel kräftiger und dynamischer als die von Worten. Es ist die Methode für Innovation – auch in jedem Unternehmen –: Das Gewordene hinterfragen, umdenken, das Neue kreieren und es in das Bestehende integrieren.

Mit der Idee der Konsumbesteuerung und des bedingungslosen Grundeinkommens können wir morgen anfangen, was aber nicht heißt vollenden. Wenn wir diese Ideen von heute auf morgen durchsetzen würden, bräche alles zusammen. Aber in einem Zeitrahmen von 10 bis 20 Jahren angelegt – und das ist keine lange Zeit – würden wir kontinuierlich die Konsumbesteuerung anheben und gleichzeitig die einkommensbasierten Steuern kompensatorisch senken und anfangen, das Grundeinkommen einzuführen. Wir können anfangen mit dem, was wir heute schon bereit sind zu bezahlen, nämlich das Arbeitslosengeld II. Dann hätten wir die Arbeit subventioniert. Deutschland würde dann ein Arbeitsparadies und ein Investitionsparadies werden. Die Idee des Grundeinkommens und der Konsumbesteuerung wirken wie ein Archimedischer Punkt. Die Einführung eines Grundeinkommens und die Umgestaltung des Steuersystems wären ein tatsächlicher Kulturimpuls, der von Deutschland aus in die Welt geht.

Klaus Dörner

Nachbarschaftswirtschaft im dritten Sozialraum

Ich schöpfe für dieses Thema aus zwei Erfahrungsquellen: Einmal haben wir ab 1980 vom Psychiatrischen Landeskrankenhaus Gütersloh aus sämtliche 435 auf lebenslänglich in Heime untergebrachte chronisch psychisch Kranke in eigene Wohnungen mit überwiegend nur ambulanter Betreuung integriert, dabei die beiden für mich neuen Erfahrungen gemacht, dass nicht Sozialprofis, sondern nur Bürger als Nachbarn diesen Integrationsprozess dauerhaft begleiten können, sowie die für mich noch erstaunlichere Wahrnehmung, dass fast alle dieser über Jahrzehnte institutionalisierten Menschen (auch noch mit 80 Jahren) nicht nur ihre Freizeit genießen, sondern auch Teilhabe am Arbeitsprozess (egal, in welchem Ausmaß) forderten und auch brauchten, also offenbar nicht nur das Grundbedürfnis nach Selbstbestimmung, sondern auch das andere Grundbedürfnis, Bedeutung für Andere zu haben, realisieren wollten, aber auch mussten, wenn ihre Integration gelingen sollte.

Meine zweite Erfahrungsquelle: Seit 1996 Rentner, betreibe ich seither Feldforschung mit der Frage, warum die Bürger seit 1980 in immer größerem Ausmaß sich insbesondere für die sich explosiv vermehrenden Alten und Dementen öffnen, um – auch hier als Nachbarn – deren Wunsch beizustehen, in ihren eigenen vier Wänden oder zumindest in der Vertrautheit ihres Stadtviertels/ihrer Dorfgemeinschaft leben und sterben zu können. Vertieft habe ich meine Erfahrungen in „Leben und sterben, wo ich hingehöre“[1].

Aus beiden Erfahrungsquellen habe ich zudem vor allem das gelernt:

1. Wenn Bürger sich für fremde Andere engagieren, ist das meist begrenzt auf den Sozialraum des eigenen Stadtviertels oder der Dorfgemeinschaft, als würden sie über die Verantwortung für ihre eigene Familie hinaus eine mittelgradige Verantwortung für einen erweiterten konzentrischen Kreis kennen; dies gab es wohl in allen Kulturen der Menschheitsgeschichte, mit Ausnahme der Industriegesellschaft, die diesen Sozialraum für vom Fortschritt überholt hielt.

2. Ich nenne diesen Sozialraum gern den dritten Sozialraum, weil er zwischen den Sozialräumen des Privaten und des Öffentlichen liegt und – als

1 Neumünster: Paranus 2007.

„Wir-Raum" – der einzige Sozialraum ist, der für das Gemeinwohl und damit für sämtliche Prozesse der Integration (einschließlich der Migranten) zuständig ist.

3. Was Bürger in den Grenzen dieses Territoriums helfend tun, nennen wir Nachbarschaft.

4. Im Rahmen des erweiterten Arbeitsbegriffs der Dienstleistungsgesellschaft (Erwerbs-, Familien- und Bürgerarbeit) kennt Nachbarschaftswirtschaft zwei Währungen: Zeit und Geld.

5. Die neue, empirisch nachweisbare Bürger- oder Nachbarschaftsbewegung ist insofern ein typisches Produkt der Dienstleistungsgesellschaft, sie war in der Industriegesellschaft nicht möglich. Fragt man die als Nachbarn tätigen Bürger nach ihren Motiven, so ergibt sich: a) Es hat mit Moral wenig zu tun, sondern mehr mit der Antwort auf neue reale Alltagsprobleme. b) Wenn man im Verhältnis zur Arbeitszeit zu viel freie Zeit hat, muss man einen Teil davon als dritte soziale Zeit abbinden, um für den Rest an Freizeit wenigstens genussfähig zu sein. c) Während man in der Industriegesellschaft notorisch überlastet war (körperlich wie psychosozial), weshalb Entlastung „immer gut" war, kennt man in der Dienstleistungsgesellschaft auch die Unterlastung als krankmachend, weshalb es einer gewissen Wiederbelastung bedarf, um „ausgelastet" zu sein. d) Während man in der Industriegesellschaft allenfalls eine kleine Elite von Ehrenamtlichen brauchen konnte, die es sich leisten konnten, ist man seit der Altenexplosion auf eine breite Masse helfender Nachbarn angewiesen, die es sich nicht so gut leisten können, daher keine Probleme haben, nicht nur Zeit zu geben, sondern auch Geld dafür zu nehmen.

Weil diese neue Nachbarschaftsbewegung erst ab 1980 nachweisbar ist, handelt es sich um einen nach vorn offenen Prozess, von dem niemand wissen kann, wohin er noch führen wird, weshalb ich mich hier auf eine Auflistung von Beispielen beschränke:

1. Schon die Erfahrungen in Gütersloh haben – wie schon erwähnt – gezeigt, dass offensichtlich Menschen mit wie ohne Behinderung nicht nur ein Grundbedürfnis nach Selbstbestimmung kennen, sondern ebenso ein Grundbedürfnis nach Teilhabe oder Zugehörigkeit: Jeder Mensch braucht seine Tagesdosis an Bedeutung für Andere, z.B. auch durchs Arbeiten.

2. Um die Integration der chronisch psychisch Kranken und Behinderten zu ermöglichen, haben wir dort den Typ der „Selbsthilfefirma" oder „Integrationsfirma" erfunden, wo Betroffene z.B. über Industriemontage

sozialversicherungspflichtige Arbeitsplätze hatten und sich davon ernähren konnten (z.B. Dalke gGmbH).

3. Für die Integration noch wichtiger erwies sich unsere andere Erfindung der „Zuverdienstfirma", wo auch die Leistungsschwächsten wenigstens für ein oder zwei Stunden zwar auch Geld verdienen, jedoch vor allem auf ihre Tagesdosis an Bedeutung für Andere kommen konnten (den Prototyp solcher Teilzeitfirmen nannten wir Industrie-Café).

4. Während wir in Gütersloh von den Aufträgen her zunächst noch der Industrieepoche verhaftet blieben, startete 1985 in München die „Weiße Feder": an sich ein normaler ambulanter Pflegedienst, jedoch gleichzeitig eine Zuverdienstfirma für psychisch Kranke, wo in einer ersten Variante des „Bürger-Profi-Mix" meist jüngere psychisch Kranke in den Wohnungen der meist älteren Pflegebedürftigen für Grundpflege und Haushalt präsent waren – für beide (hilfsbedürfige) Gruppen ein ganz erstaunlicher Gewinn an „Bedeutung für Andere". Heute sind jederzeit ca. 50 psychisch Kranke dort beschäftigt. Von der Auftragslage her war dies der Durchbruch in die Dienstleistungsgesellschaft.

5. Heute gibt es die sog. „Ex-In-Projekte", wo, angelehnt an Erfahrungen aus den Niederlanden und England, Psychiatrie-Erfahrene nach einem Fortbildungskurs einen regulären Arbeitsplatz in einem Profi-Team finden, weil ihre subjektive Erfahrung mindestens so wichtig sei wie die objektiven Qualitäten der Profis (z.B. Bremen und Hamburg).

6. Im Altenpflegebereich gibt es inzwischen etwa 1000 sozialraum-bezogene ambulante Wohnpflegegemeinschaften, zuständig für alle Pflegebedürftigen eines Sozialraums, wenn es mit der eigenen Wohnung und/oder Familie nicht mehr geht, oft kombiniert mit einem Nachbarschafts-Café zur Selbstorganisation der Nachbarn. Das Team für eine solche ambulante WG besteht aus drei Gruppen: einmal professionelle Fachpflegekräfte, zum anderen Nachbarn – vielleicht bisher Arbeitslose –, die als „Integrationsexperten" hauptamtlich die Präsenzbegleitung garantieren und davon leben können sowie zum Dritten noch einen Kreis mehr oder weniger unentgeltlicher Nachbarn. Träger können sein: Angehörige, ambulante Pflegedienste, Heime, Kirchengemeinden, Kommunen und – zunehmend – die Wohnungswirtschaft, weshalb diese Bewegung durchaus schon versorgungsrelevant ist, einzelne Dörfer, Kleinstädte und Stadtviertel von Großstädten (z. B. Bielefeld) sich als „heimfreie Zonen" bezeichnen.

7. Ähnlich bedeutsam sind die ca. 2000 Projekte des „generationsübergreifenden Siedelns" oder des „gemeinschaftlichen Wohnens", wo Jüngere

und mit einem bestimmten Kontingent alte und potenziell pflegebedürftige Menschen gemeinsam das Familienprinzip der Blutsverwandtschaft um das der Wahlverwandtschaft ausweiten und so wechselseitig tragfähiger werden.

8. Die zunehmenden Nachbarschaftsvereine, die sich nicht selten aus den Besuchsdiensten der Kirchengemeinden entwickelt haben, kennen in der Regel ein breites Spektrum vom kostenlosen psychosozialen Beistand bis zu bezahlten Dienstleistungen (z.B. Delmenhorst und Schwandorf).

9. Die Stiftung „Innovation und Pflege" in Sindelfingen hat in Kooperation mit den württembergischen ambulanten Pflegediensten ein Modell bis zur 24-stündigen Betreuung eines Pflegebedürftigen entwickelt, indem nicht mehr polnische, sondern deutsche Frauen in die Wohnung eines Betroffenen einziehen und sich nach 14 Tagen von der Kollegin ablösen lassen, notfalls auch sozialhilfefähig.

10. Insgesamt gibt es heute ein nicht mehr überschaubares, originelles oder kreative Spektrum symbolischer, teilzeitlicher oder auch vollzeitlicher Finazierungswege fürs nachbarschaftliche Helfen. Wie sehr das alles in Bewegung ist, zeigen einige neuere Wege:

11. So hat ein Behindertenheim in Voccawind/Hassberge die Integration seiner Heimbewohner damit erreicht, dass es neben der ambulanten Begleitung durch Profis ein System von „Bürger-Paten" erfunden hat, die über ein Zehntel der dafür vorgesehenen Profi-Gelder finanziert werden.

12. Wenn in einem Sozialraum der letzte Tante-Emma-Laden pleite gemacht hat, kann man, damit die auf Fußläufigkeit angewiesenen Alten ihre Heimat nicht verlieren, über die Konzernleitung von Edeka nach einer Marktanalyse ein neues Einzelhandelsgeschäft als Integrationsfirma mit einem Profi-Behinderten-Mix organisieren; davon gibt es schon über hundert Beispiele.

13. Die Ausweitung des Prinzips der Gastfamilie von den Behinderten auf die Alterspflegebedürftigen hat in vielen Hundert Fällen schon dazu geführt, dass die Aufnahme von ein oder zwei Pflegebedürftigen viele vor allem landwirtschaftliche, aber auch handwerkliche Betriebe vor dem Konkurs bewahrt, nachweislich ohne dass dabei die liebevolle Zuwendung Schaden leidet (z.B. Ravensburg, Bonn, Aurich).

14. Wo man wieder volkswirtschaftlich und nicht nur betriebswirtschaftlich denkt, kann gerade da, wo etwa ein Dorf durch Schrumpfung und Alterung besonders existenziell bedroht ist (wie etwa in den ländlichen Regionen der deutschen Ostländer) Folgendes passieren: Das Dorf sieht die große Zahl der Alterspflegebedürftigen nicht als Bedrohung, sondern als Chance

und entschließt sich, das Pflegeproblem im eigenen Dorf zu lösen, etwa durch ein oder zwei ambulante Wohnpflegegruppen. Es schafft so einige attraktive Arbeitsplätze für Fachpflegekräfte, baut für die Präsenz-Arbeitsplätze einen Teil seiner Arbeitslosigkeit ab, tut etwas gegen den Leerstand, erfüllt den letzen und vornehmsten Wunsch der alten Dorfbewohner, schafft den Durchbruch zur Dienstleistungsgesellschaft und verschafft sich so einen Standortvorteil, der heute durchaus auch für Investoren interessant ist (z. B. Eichstetten/Freiburg).

15. Noch einmal volkswirtschaftlich gedacht, ist die Finanzierung des gesamten Hilfebedarfs eines Sozialraums durch ein „Sozialraumbudget" schon deshalb optimal, weil dies die einzige Finanzierungsform ist, in der man trotz fortbestehender Marktgesellschaft wieder dem Gemeinwohlprinzip folgen kann, nämlich mit dem Letzten und Bedürftigsten zu beginnen, ohne dafür finanziell bestraft zu werden. Es eröffnet auch die Möglichkeit, mit zwei Personalbudgets – eins für die Profis und eins für die Nachbar-Bürger – zu kalkulieren. (Z. B. der Landkreis Nordfriesland ist auf diesem Weg).

Wenn wir jetzt noch bedenken, dass auch bei uns die UN-Behindertenrechtskonvention (als ein Sozialraum-Konzept) geltendes Recht ist – mit ihren drei Fernzielen: eine Schule für alle, ein Wohnviertel für alle und ein Arbeitsmarkt für alle – ergeben sich daraus noch viele weitere Möglichkeiten für „Nachbarschaftswirtschaft im Sozialraum".

Anhang

Ute Gahlings / Sibylle Riffel

Von der Theorie zur Praxis: Die Einführung des Regionalgeldes in Darmstadt und Umgebung

Wie Gernot Böhme in seiner Einführung zu diesem Band schon schrieb, wurde die Tagung „Alternative Wirtschaftsformen" von der awareness-group angestoßen, die sich am Institut für Praxis der Philosophie mit verschiedenen Themen in Zusammenhang mit Defiziten und Missständen in unserer Gesellschaft beschäftigt. In der „Wirtschaftssektion" ging es im internen Kreis bei vielen Gesprächen zunächst um eine Sondierung und Problematisierung des Themenfeldes. Mit der Tagung sollten Experten gehört, die Öffentlichkeit einbezogen und Diskurse eingeleitet werden, vor allem aber sollten über eine kritische Bestandsaufnahme hinaus die bestehenden Wirtschaftsformen mit Alternativen konfrontiert werden. Die eingeladenen ReferentInnen kamen dieser Aufgabe in vielfältiger Weise nach, und auch das Publikum beteiligte sich ausgesprochen interessiert an den Diskussionen nach den Vorträgen und in den Pausengesprächen. Man kann sagen, dass mit und auf der Tagung Vieles in Bewegung kam, vor allem zunächst einmal in die Denkbewegung, schließlich aber auch in die Initiativbewegung. Die gewonnenen Erkenntnisse und die Betroffenheit über das Ausmaß und die Folgen der etablierten Wirtschaftsformen verlangten nach konkreten, verändernden Handlungen, und zwar jetzt und hier.

Nun behandelt die awareness-group am Institut für Praxis der Philosophie politische, soziale und allgemein gesellschaftlich relevante Probleme nicht nur im Feld der theoretischen Erörterung, sondern mit dem Ziel eines gesellschaftlichen Engagements. Es war von Anfang an klar, dass die Arbeit der „Wirtschaftssektion" sich nicht in der langen Vorbereitung, schließlich in der Organisation und Durchführung einer Tagung erschöpfen würde und könnte. Auch mit einer Publikation der Tagungsbeiträge hätte man das eigentliche Ziel, das Erkannte in Praxis umzusetzen, nicht wirklich erreicht. Wie es allerdings weitergehen könnte, war in keiner Weise klar, so dass mit den ReferentInnen tatsächlich auch nach möglichen Handlungsoptionen gesucht werden sollte.

Ein sehr konkretes Modell, nämlich die Einführung einer Komplementärwährung, wurde in dem Vortrag von Rolf Merten vorgestellt (s. den Beitrag auf den Seiten 77-97 in diesem Band). Im Publikum zeigte sich durchaus Erstaunen darüber, dass es in Deutschland möglich, ja sogar relativ einfach ist, eine solche Ergänzungswährung zu etablieren. Noch mehr aber überraschte die Zuhörenden die Tatsache, dass bereits viele Initiativen zur Regionalwährung in Deutschland aufgebaut werden konnten und mit steigendem Umlauf auch weiterhin funktionieren. So ergab sich in einer Mittagspause ein Gespräch zwischen Rolf Merten, Sibylle Riffel und Ute Gahlings, das sich spielerisch mit der Idee befasste, was eigentlich zu tun wäre, um ein solches Regionalgeld auch in Darmstadt und Umgebung einzuführen. Sehr rasch wurde klar, welche Landkreise einzubeziehen wären, welche Geschäfte und Unternehmen dafür infrage kämen und welche Kundenkreise anzusprechen wären. Visionen standen im Raum. Im Hintergrund ermahnte die praktische Vernunft, die Realisierbarkeit eines solch ehrgeizigen Projekts kritisch und reichlich zu bedenken. Als Ärztin und Psychotherapeutin (Sibylle Riffel) und als Philosophin (Ute Gahlings) waren wir beruflich jedenfalls nicht darauf vorbereitet, ein Geldsystem zu entwickeln und praktisch einzuführen, oder auch nur darauf, uns dazu in irgendeiner Form diskursiv einzubringen. Bei diesem Mittagessen sicherte Rolf Merten jedoch seine Hilfestellung zu, sodass ein Experte mit jahrelanger Erfahrung als Ansprechpartner für die praktische Umsetzung im Hintergrund stand.

Der Anfang: Eine Interessentenliste

Nun ging die Tagung dem Ende zu und Sibylle Riffel beschlich das Unbehagen, dass man nun, nach den intensiven Gesprächen über alternative Wirtschaftsformen in einem so interessanten und interessierten Personenkreis, ohne eine konkrete Option zur Weiterarbeit auseinandergehen könnte. Das sollte vermieden werden. Nach Rücksprache mit dem Institutsdirektor trat Ute Gahlings dann am Ende der Tagung vor das Publikum. Trotz weiterhin mahnender Vernunft, aber durch Sibylle Riffels Zuspruch gestärkt, erklärte sie einigermaßen mutig und forsch, dass das Institut für Praxis der Philosophie beabsichtige, eine Arbeitsgruppe zu gründen, die sich mit der Einführung einer Regionalwährung für Darmstadt und Umgebung befasst und dass eine Interessentenliste ausliege, in die man sich zwecks Terminabsprachen eintragen könne. In diese Interessentenliste trugen sich neun

Personen ein, und das war der eigentliche Beginn der Initiative Regionalgeld für Darmstadt.

Der Arbeitskreis Regionalgeld

Noch im Oktober 2010, also einen Monat nach der Tagung, wurde zu einem ersten Treffen in den Räumen des Instituts für Praxis der Philosophie im Literaturhaus der Stadt Darmstadt eingeladen. Die dort erschienenen fünf Personen gründeten den „Arbeitskreis Regionalgeld" am Institut für Praxis der Philosophie. Der Arbeitskreis traf sich dann monatlich und löste die frühere „Wirtschaftssektion" in der awareness-group ab. Er war zugleich durch zwei Neuerungen gekennzeichnet: Zum einen nahmen an diesem Kreis nicht mehr nur MitarbeiterInnen des Instituts für Praxis der Philosophie teil, sondern auch fremde, aber der Sache wohlwollend verbundene Personen aus der regionalen Öffentlichkeit; zum anderen gab es ein konkretes praktisches Ziel: die Einführung von Regionalgeld für die Stadt Darmstadt und einige diese umgebende Landkreise. Damit waren zwei bedeutende Grundlagen eines gesellschaftlichen Engagements im Sinne der Intentionen der awareness-group geschaffen. Als Arbeitskreis außerhalb der awareness-group war der Aufbau eines selbstständigen Wirkungsbereichs und auf lange Sicht auch die Ablösung aus dem Institut für Praxis der Philosophie angedacht.

Schon bei diesem Gründungstreffen wurde die Möglichkeit diskutiert, sich der Initiative REGIO anzuschließen, die zwar in Bayern angesiedelt und dort in verschiedenen Landkreisen[1] etabliert ist, aber doch von Anfang an so konzipiert war, dass sie in andere Landkreise, auch außerhalb Bayerns ausgedehnt werden kann. Die Möglichkeit, hier auf Ressourcen, Wissen und Erfahrung zurückgreifen zu können, ließ die Idee der Einführung von Regionalgeld für Darmstadt in der kleinen Gründungsgruppe als nicht völlig unrealisierbar erscheinen und ermutigte zugleich, die begonnene Arbeit fortzusetzen. Es sollten nun vor allem weitere Interessenten gewonnen werden, auch durch gezielte Informationen in der Presse.

Auf den nächsten Treffen des Arbeitskreises erweiterte sich die Runde zunächst nur schleppend und war immer noch viel zu klein für eine Initiative

---

1 In den Landkreisen Bad Tölz-Wolfrathshausen, Garmisch-Partenkirchen, Miesbach, München Land, Ostallgäu, Starnberg, Weilheim-Schongau und in München.

zur Einführung von Regionalgeld. Aber es kamen neue Interessenten dazu, und niemand dachte daran aufzugeben. Anfang 2011 stieg die Teilnehmerzahl dann sprunghaft an, und es kamen erstmals Selbstständige bzw. Freiberufler, also potenzielle KandidatInnen für Annahmestellen des Regionalgeldes. Es begannen Sondierungsgespräche über Ansprechpartner und zu den möglicherweise an Regionalgeld interessierten Geschäften und Unternehmen in Darmstadt. Ein Konzept, wie man Regionalgeld insbesondere in Unternehmen gut vorstellen kann, wurde bearbeitet. Außerdem wurden grundsätzliche Fragen diskutiert, z. B. welche Art von Regionalgeld in Darmstadt favorisiert werden solle, ob es eine Eurodeckung oder eine andere Art der Deckung geben solle, ob man sich zur Übernahme des REGIO oder zur Gründung eines eigenen Vereins entschließen solle etc. Eine in der Gruppe mit Engagement vertretene Möglichkeit eines Alternativgeldes mit Waren- oder Leistungsdeckung durch Unternehmen wurde diskutiert und schließlich verworfen.

Um diese und weitere Fragen zu klären, traf sich Sibylle Riffel in Bayern mit Rolf Merten und Monika Herz vom Verein REGIO und berichtete anschließend im Arbeitskreis, wie der REGIO konkret funktioniert (Euro-gedeckt, Mitgliedschaft im Verein als Voraussetzung der Verwendung des REGIO, Kooperation mit *Sterntaler* und *Chiemgauer*, Möglichkeit der bargeldlosen Zahlung durch Kooperation mit der regios eG). Im Fall eines Beitritts zum REGIO bot der REGIO-Verein an, die Website, den Newsletter und das REGIO-Branchenheft (mit Einleger für Darmstädter Unternehmen) sowie das Werbematerial von dort auch für Darmstadt zu verwenden. Noch wurde durchaus kontrovers darüber diskutiert, ob es eine Übernahme des REGIO für Darmstadt geben oder ein eigener Verein gegründet werden solle. Eine Entscheidung in dieser Sache war für die Fortsetzung des Arbeitskreises aber unabdingbar geworden. Für diesen Entscheidungsprozess erschien es den Teilnehmenden notwendig, Rolf Merten als Vorsitzenden des REGIO e.V. persönlich kennenzulernen und ihn mit den immer wieder auftauchenden konkreten Fragen und Problemen zu konfrontieren.

Im Frühjahr 2011 hielt Rolf Merten vom Verein REGIO dann als Gast im Arbeitskreis einen Kurzvortrag und bot die Einführung des REGIO in Darmstadt und der umliegenden Region an. Der Name REGIO erlaube das Hinzukommen weiterer Landkreise, dies sei sogar von Anfang an angestrebt worden. Auf die Geldscheine würde dann „Darmstadt-Dieburg“ aufgedruckt. Damit sei die Gliederung in Landkreise, die sich bewährt habe, eingehalten, und Darmstadt liege geographisch in diesem Landkreis. Weitere Schritte zur Einführung eines Regionalgeldes wurden mit Rolf Merten eingehend diskutiert.

Der Arbeitskreis hatte nun über zwei Optionen abzustimmen, dem REGIO e.V. beizutreten und das bereitgestellte Netzwerk zu nutzen oder einen eigenen Verein zu gründen und eine eigene Regionalwährung zu entwickeln. Die Entscheidung für die Einführung des REGIO in Darmstadt und für den Anschluss an den Verein REGIO e.V. wurde nahezu einstimmig getroffen. Mit diesem Beschluss wurde der Landkreis Darmstadt-Dieburg Teil einer größeren Regionalwährung. Darüber hinaus und in erster Linie war den meisten Anwesenden wichtig, das Regionalgeld möglichst rasch einzuführen, ohne die mühsame Kleinarbeit einer Vereinsgründung und einer eigenen Geldfabrikation bewältigen zu müssen. Außerdem war damit gerade für den Beginn gewährleistet, dass kein Teilnehmer bzw. keine Teilnehmerin am REGIO Verluste in Kauf nehmen musste, sollte das Regionalgeld nicht ausreichend angenommen werden (Eurodeckung). Sibylle Riffel wurde zur Regionalbeauftragten für Darmstadt im REGIO e.V. ernannt. Die Versammlung beschloss, den REGIO für den Landkreis Darmstadt-Dieburg im Juni 2011 einzuführen.

Auf der Website des REGIO e.V. wurde im April neben Bayern ein eigener Bereich für Hessen eingetragen. Die für Juni vorgesehene Einführung des REGIO in Darmstadt-Dieburg wurde mit zahlreichen Aktivitäten – Vorträgen, Gesprächen, allgemeinen Informationsterminen – vorgeplant, u.a. mit einer breiten Öffentlichkeitsarbeit in der regionalen Presse, dem örtlichen Radiosender, bei verschiedenen Veranstaltungen mit Informationsständen etc. Parallel dazu wurden Unternehmen, Geschäfte und Privatpersonen in persönlichen Gesprächen mit dem REGIO bekanntgemacht und mit Informations- und Anschauungsmaterial versorgt. Das Institut für Praxis der Philosophie wurde Mitglied im REGIO e.V. und erklärte sich damit bereit, den REGIO als Zahlungsmittel für Unkostenbeiträge zu den Veranstaltungen zu akzeptieren.

Vor der Einführung des REGIO tagte der Arbeitskreis noch zweimal. Neben der Verteilung der wichtigsten Aufgaben und Verantwortungsfelder für die Durchführung der REGIO-Einführung wurde besprochen, welche Vereine und sozialen Projekte mit dem REGIO bzw. den Geldbeträgen, die bei Rücktausch in Euro und bei der Umlaufsicherung anfallen, bevorzugt gefördert werden sollen. Durch die häufig wechselnden TeilnehmerInnen an den monatlichen Treffen hatte sich inzwischen ein großer Kreis von

Interessenten herausgebildet. Unter ihnen befand sich eine Kerngruppe von vier besonders Engagierten, die sich auch außerhalb der monatlichen Termine zu Arbeitssitzungen trafen und die gesamte Initiative entscheidend voranbrachten. Bei der konkreten Planung der Veranstaltung zur REGIO-Einführung traf die Gruppe auf große Hilfs- und Spendebereitschaft. Die Initiativen, insbesondere InhaberInnen von Läden über die geplante REGIO-Einführung zu informieren, blieben aktiv, und weitere Interessenten wurden gefunden. Inzwischen waren neun Gewerbetreibende bzw. Freiberufler Mitglieder im REGIO e.V. geworden.

Die Einführung des REGIO für den Landkreis Darmstadt-Dieburg

Am 25. Juni 2011 war das erste Ziel des Arbeitskreises Regionalgeld erreicht: Die Einführung des Regionalgeldes REGIO für den Landkreis Darmstadt-Dieburg, zu dem auch die Stadt Darmstadt gehört. Es war eine festliche Veranstaltung von 13 bis 16 Uhr mit Sektempfang und Salzgebäck in der Darmstädter Weinwirtschaft Heiping. Ute Gahlings sprach als Vertreterin des Instituts für Praxis der Philosophie einführende Worte und dankte Sibylle Riffel für ihr unermüdliches Engagement. Rolf Merten, der Vorsitzende des Vereins REGIO e.V., war aus Bayern angereist und stellte den REGIO vor. Sibylle Riffel gab abschließende Erklärungen und eröffnete den Währungsumtausch mit den frisch gedruckten REGIO-Scheinen für Darmstadt-Dieburg. Eine große Gruppe von ca. 60 Personen stieß auf den REGIO an. Es gab eine Musikpräsentation von einem Mitglied des Arbeitskreises.

Im hinteren Teil der Weinwirtschaft war die Wechselstube eingerichtet. Mit einer besonderen, durch Spenden ermöglichten Aktion gab es für 100 Euro sogar 105 REGIO. Einige der Anwesenden tauschten Euro in REGIO um und gaben ein paar der gerade erstandenen Wertgutscheine sogleich an den Tischen der anwesenden REGIO-Partner-Unternehmen aus, die sich in der Weinwirtschaft mit ihren Waren präsentierten. 1.200 REGIO wurden insgesamt in Umlauf gebracht. Viele Menschen kamen miteinander ins Gespräch, versorgten sich mit Informationsmaterial und stellten Fragen an die Verantwortlichen. Das Interesse der Presse war recht groß. Über die Einführung des Regionalgeldes im Landkreis Darmstadt-Dieburg wurde in den regionalen Zeitungen und Rundfunksendern durchweg wohlwollend berichtet, z.B. bei hr-online am 25. Juni, im Darmstädter Echo am 27. Juni, in der Südhessen-Woche am 29. Juni, in der FAZ am 11. Juli und in einer FFH-Sendung am 31. Juli 2011.

Fortsetzung des Arbeitskreises Regionalgeld nach der REGIO-Einführung

Allen Teilnehmenden des Arbeitskreises Regionalgeld war bewusst, dass mit der Einführung des REGIO ein wichtiger Schritt des gesellschaftlichen Engagements für eine humane und soziale Wirtschaftsreform erfolgreich vollzogen worden war. Wichtige und umfangreichere Arbeiten standen aber noch bevor. Gerade jetzt war es von entscheidender Bedeutung, mit dem Anliegen weiterhin präsent zu bleiben, eine gute Infrastruktur für die REGIO-Gemeinschaft, die „Wechselstube" und das Informationsnetzwerk zu pflegen und vor allem noch mehr PartnerInnen für das REGIO-Projekt zu gewinnen. Damit die in den Umlauf gesetzten REGIO auch vielfältig ausgegeben werden konnten und Anreize bestanden, neue REGIO einzutauschen, war es notwendig, den Kreis der Annahmestellen erheblich zu erweitern. Ein monatlicher Stammtisch wurde an wechselnden Orten in Darmstadt eingerichtet. Dort und auch bei den weiterhin monatlich einberufenen Treffen des Arbeitskreises konnten REGIO getauscht werden.

Für die anstehenden umfangreichen Arbeiten wurden nach wie vor weitere Aktive und Mitwirkende gesucht, um den Schwung des Anstoßes durch die REGIO-Einführung zu vervielfachen. Der regelmäßige Erfahrungsaustausch zeigte indes, dass man durchaus mit unerwarteten Reaktionen und Fragen konfrontiert werden konnte, wenn man Menschen auf Regionalgeld ansprach, was gelegentlich Verunsicherung und Ratlosigkeit hervorgerufen hatte. Es galt Wissenslücken zu füllen, aber auch Kommunikationsstrategien zu finden. Auf einer internen, mit Passwort geschützten Internetplattform wurden Informationen rund um den REGIO gesammelt, sortiert und ausgewertet.

In den folgenden Monaten wurden die Informationen über den REGIO breit gestreut. Es gab sehr viele Gespräche mit den unterschiedlichsten Läden in Darmstadt und Umgebung, auch mit Gewerbevereinen, es gab Informationsveranstaltungen an verschiedenen Orten und bei verschiedenen Gelegenheiten, es gab Filmvorführungen mit anschließenden Diskussionen, für Gewerbetreibende wurden individuelle REGIO-Beratungen durchgeführt, es gab große öffentliche Veranstaltungen mit Vorträgen namhafter

Wirtschaftsexperten zum Thema „Geld“ und anderes mehr. Es wurden Anschlussmöglichkeiten an andere Netzwerke und Vereine der Umgebung gesucht, die sich auf ähnlichem weltanschaulichem Niveau wie die REGIO-Initiative bewegen, und es entstanden fruchtbare Kooperationen, z.B. mit Transition-Town Darmstadt. Durch diese vielfältigen Aktivitäten gelang es den REGIO-Engagierten, allen voran Sibylle Riffel, weitere REGIO-Partner zu gewinnen und das Netzwerk von Annahmestellen zu stärken. Gleichwohl sahen sich die Mitwirkenden veranlasst, zur Intensivierung ihrer Aktivitäten weitere Maßnahmen einzuleiten. Nach einem „Verbreitungs-Workshop“ wurde im Januar 2012 zusätzlich zu den monatlichen Treffen von Stammtisch und Arbeitskreis eine Steuerungsgruppe eingerichtet, die sich nunmehr sogar wöchentlich traf, um die Verbreitung des REGIO nach einem vorzubereitenden Strategiekonzept weiter voranzutreiben.

Im Februar 2012, zum Abschluss dieses Berichts, befanden sich im REGIO-Netz Darmstadt-Dieburg 35 Mitglieder, davon 20 Gewerbetreibende bzw. sonstige Annahmestellen aus den Bereichen „Bauen und Wohnen“, „Computer und Telekommunikation“, „Dienstleistungen“, „Einzelhandel“, „Gastronomie“, „Gesundheit“, „Handwerk“, „Kunst und Kultur“, „Lebensmittel“, „Schulen und Fortbildung“ und „Soziales“. Die Jahresbilanz 2011, sechs Monate nach Einführung des REGIO im Landkreis Darmstadt-Dieburg, zeigt einen ansteigenden Umlauf von REGIO (von 1.200 bei der Einführung, 1.500 im dritten und über 2.000 REGIO am Ende des vierten Quartals 2011). Mitte Februar 2012, also in der Mitte des ersten Quartals, laufen bereits etwa 1.600 REGIO um. Durch die Rücktauschgebühr von fünf Prozent und die Umlaufsicherung wurden 2011 rund 185 Euro Spenden erzielt und an verschiedene gemeinnützige Vereine ausgezahlt. Jedoch reichen die vergleichsweise wenigen Annahmestellen für einen selbstständig zirkulierenden Geldfluss noch keineswegs aus.

Abschließende Bewertung

Hinter diesem Kurzbericht, der nicht wirklich ins Detail gehen konnte und vieles nur zusammenfasst, steht ein gesellschaftliches Engagement, das eine ganze Reihe von Menschen seit der Gründung des Arbeitskreises in gemeinsamer, teils wirklich harter Arbeit miteinander verbindet. In acht Samstagstreffen des Arbeitskreises (Oktober 2010 bis Juni 2011) mit häufig wechselnden Besetzungen und einer erheblichen Arbeit im Hintergrund dieser

Zusammenkünfte gelang es der Initiative Regionalgeld für Darmstadt im Juni 2011 den REGIO einzuführen, in Umlauf zu bringen und im Umlauf mit steigender Tendenz zu belassen. Das ist eine Erfolgsgeschichte, die so nur möglich war durch die Ankoppelung der Darmstädter Initiative an den in Bayern ansässigen, aber auf Kooperation angelegten REGIO e.V. Die Darmstädter Gruppe empfindet diese Unterstützung als Geschenk im Geist der guten Sache, wohl wissend, dass ihr dadurch vieles, vor allem Administratives, erleichtert, die intensive Arbeit vor Ort aber nicht abgenommen wird. Dennoch reiste der Vorsitzende des REGIO-Vereins, Rolf Merten, zur Unterstützung auch immer wieder einmal an. Und gelegentlich bedarf es im zähen Kampf gegen eine Geldideologie, die anscheinend unüberwindlich ist, auch des Zuspruchs und der Berichte von erfahrenen Menschen, die schon viel länger in Regionalgeld-Initiativen aktiv sind und bereits die Früchte ihrer Arbeit greifen können. Allgemein ist erfreulich zu vermerken, dass auch in anderen Regionen Deutschlands darüber nachgedacht wird, sich dem REGIO-Modell aus Bayern anzuschließen. Der Landkreis Darmstadt-Dieburg hat dies als erster Kreis außerhalb Bayerns vorgemacht!

Der „Erfolg" der REGIO-Einführung im Landkreis Darmstadt-Dieburg lässt sich indes nicht unbedingt nur an der Anzahl der Annahmestellen und privaten Mitglieder ablesen. Einigermaßen nüchtern betrachtet ist die diesbezüglich zu ziehende Bilanz eher dürftig, trotz der unermüdlichen Arbeit einer großen Anzahl hoch motivierter Personen. Entscheidend ist vielmehr, dass im Zuge der REGIO-Einführung und -Weiterführung ein Bewusstsein geschaffen wird für die Defizite und Missstände in unserem Finanzsystem, und es ist ebenso von nicht zu unterschätzender Bedeutung, dass konkrete Alternativen sicht- und greifbar sind. Im Landkreis Darmstadt-Dieburg kann man also jetzt, wenn man will, an bestimmten Stellen mit REGIO einkaufen oder bezahlen, und es gibt Menschen, die das tun bzw. anbieten und Gründe dafür kennen. Es ist gut, dass dieser Kreislauf in Gang gesetzt wurde und in Betrieb gehalten wird. Auch wenn sich der Eine oder die Andere, Privatperson oder Unternehmende, nicht zu einer Mitgliedschaft im REGIO entschließt, haben die Gespräche, Diskussionen und öffentlichen Veranstaltungen rund um die Vorteile des Regionalgeldes Denkanstöße gegeben. „Geld regiert die Welt" – so heißt es im Volksmund. Wenn es also gelungen ist, mit den Themen Geld, Zins und Wirtschaft das kritische Nachdenken der Menschen über sich selbst und die Welt, in der sie leben, anzuregen, so ist auch das positiv zu bewerten. Mit der Ein- und Fortführung des Regionalgeldes im Landkreis Darmstadt-Dieburg wurde ein Ziel des Instituts für

Praxis der Philosophie erreicht, nämlich Philosophie in Praxis umzusetzen. Hier hat sich eine engagierte Gruppe von Menschen gebildet, die solidarisch zusammenarbeitet und sich mit einem zentralen Thema unserer Gesellschaft in Theorie und Praxis auseinandersetzt.

Links im Internet

www.darmstadt.der-regio.de
www.der-regio.de
www.regios.eu
www.ipph-darmstadt.de

Gernot Böhme (Hg.)

Kritik der Leistungsgesellschaft

2010, ISBN 978-3-89528-797-8,
154 Seiten, kart. € 19,80

Wir leben in der BRD in einer Gesellschaft mit hervorragenden Einrichtungen – Demokratie, soziale Markwirtschaft, soziales Netz, Bildungssystem, Gesundheitssystem –, einer Gesellschaft, die gleichwohl den Menschen kein Gefühl der Zufriedenheit vermittelt. Im Gegenteil sind alle Bürger im Stress und in einem Denken befangen, das ihnen auf allen Gebieten immer mehr Leistung abverlangt – und zwar nicht nur im Bereich der Arbeit, sondern auch in Konsum und Freizeit. Wir leben in der BRD in einer der reichsten Nationen der Welt, und niemand braucht sich ernsthaft zu sorgen, dass es ihm an den Mitteln zu überleben fehlen würde. Die sozialen Netze lassen selbst bei Arbeitslosigkeit und Armut den Einzelnen nicht aus der Gesellschaft fallen. Und doch leben fast alle Menschen im Gefühl der Knappheit, sehen sich in ihren Lebensmöglichkeiten, wie hoch auch immer ihr Lebensstandard sein mag, eingeschränkt. Für das einzelne Mitglied der Gesellschaft ist dieser Zustand zu bedauern, verglichen mit der Lage anderer Nationen und angesichts des herrschenden Elends in der Welt, ist er beschämend. Der Analyse dieser widersprüchlichen Situation war die Tagung, deren Referate hiermit vorgelegt werden, gewidmet.